Een gevaarlijke verhouding
of *Daal-en-Bergse brieven*

Hella S. Haasse

Een gevaarlijke verhouding
of *Daal-en-Bergse brieven*

Amsterdam
Em. Querido's Uitgeverij BV
2005

Eerste en tweede druk, 1976; derde druk, als Salamander,
1982; vierde druk, 1991; vijfde druk, 2005

Omslag Marjan Landman
Omslagbeeld Liotard, Rijksmuseum Amsterdam
Foto auteur Jerry Bauer

ISBN 90 214 6723 2 / NUR 301
www.boekboek.nl
www.hellahaasse.nl

1 *Aan de markiezin de Merteuil*

Mevrouw, u kwam mij in gedachten op de Daal-en-Bergse Laan, in zuidelijk Den Haag, niet ver van waar ik woon. Ik stond met mijn gezicht gekeerd naar de Bosjes van Pex, wazig bruin en groen van jong loof, en stelde mij daar, tussen dat struweel, in plaats van tennisbanen, voetbalvelden, ponymanege en café-restaurant, een klein landhuis voor, laat-achttiende-eeuws, met al een zweem van classicistische allure in de omlijsting van ramen en deuren. Het kon niet anders of een dergelijk gebouwtje moest zich spiegelen in een halvemaanvormige vijver, gevoed door de Haagse Beek, die ongeveer een kilometer verder zuidwaarts in de wijk Meer en Bosch (pendant van Daal en Berg) ontspringt. Hoe komt het, dacht ik, dat hier, tussen de uitlopers van de duinen, die voor bewoners van vlakke geestgronden een echt heuvellandschap vormen, geen resten te vinden zijn van een buitenplaats, terwijl het in de naaste omgeving toch wemelt van herinneringen aan kleine en grote landgoederen uit de tijd toen rijke Hagenaars hier een 'tweede woning' lieten bouwen?

Er schijnt wel ooit een boerenhofstede te hebben gelegen. Misschien was er daarvóór, in de achttiende of zeventiende eeuw, een Huis Daal en Berg, of Daalberg, dat bijvoorbeeld door brand verloren gegaan, of verlaten, vervallen en toen afgebroken is, waarvan in ieder geval elk spoor is uitgewist lang voordat boswachter Pex zijn naam gaf aan het terrein. Ook het pand in de Daal-en-Bergse Laan waar, een halve eeuw geleden, Simon Vestdijk enige tijd met zijn ouders gewoond heeft, ja, de hele huizenrij die het uiterlijk van de laan destijds bepaalde, zijn al sinds decenniën met de grond gelijk gemaakt en vervangen door riante villa's, vier-onder-een-kap. De lucht die ik inadem wanneer ik daar loop, bevat iets – verbeeld ik me – dat bevorderlijk moet zijn voor wat Goethe de 'Lust zu Fabulieren' heeft genoemd.

Ik bevond mij juist in het stille gedeelte van de laan, met achter mij het omheinde stuk duinlandschap waar vogels broeden en dus van de weeromstuit verwilderde katten rondzwerven, en vóór mij de bosjes. Tussen die dunne stammetjes, takken en twijgen in de mist van ontluikend blad, meende ik witte muren te zien schemeren, een koepeltje, een smeedijzeren hek. Huis Daalberg, dacht ik, en op hetzelfde ogenblik: Valmont! En door dat ene woord 'Valmont' was *u* daar ineens, mevrouw, haast lijfelijk aanwezig. U zou niet in het bos wandelen, dat begreep ik wel, en u evenmin vertonen in uw tuin. Maar binnen, achter een van de ramen met uitzicht op het vroege voorjaarsgroen, kon u zich wel degelijk ophouden. Harp spelend, bordu-rend? Ach nee, mevrouw, ik geloof van niet. Ik zag u ook niet in ledigheid neerzitten: roerloos broeden past niet bij uw karakter. Lezend? Brieven schrijvend? Pas toen ik mij uw bezigheden trachtte voor te stellen, besefte ik hoe eenzaam u moest zijn.

Het kan niet anders of u leefde volstrekt incognito in deze streken. Daar had u immers zeer gegronde re-denen voor. En zelfs wanneer dat niet het geval was geweest, wanneer u niet voortvluchtig was, gezocht door schuldeisers en zelfs door de Franse justitie van uw dagen in verband met wederrechtelijke toe-eige-ning van diamanten, een schat aan tafelzilver en ande-re kostbaarheden die in het familiebezit van uw over-leden echtgenoot thuishoorden; zelfs wanneer u zich toen, omtrent het jaar 1782, onder uw eigen naam: madame la marquise de Merteuil, gevestigd had op het Huis Daalberg (door u omgedoopt in 'Valmont'), dan nog zou u levenslang vrijwillig binnen de hekken en muren gebleven zijn, omdat u – onherstelbaar ge-schonden door de pokken en blind aan één oog – in de volle betekenis van het woord niet meer toonbaar was.

U bent zonder twijfel de meest beruchte vrouwen-figuur uit de Europese letterkunde. Men heeft u een Richard iii in rokken genoemd, een demon in men-sengedaante, een vrouwelijke Tartuffe, een satanische Eva. In samenwerking met een man die eens uw min-naar was geweest, de losbol vicomte de Valmont, hebt

u een jong meisje ten verderve gevoerd en de recht-
schapen jeugdige echtgenote van een eerzaam magistraat tot waanzin gebracht en in de dood gedreven, en
voorts, alleen, een aantal andere personages gegriefd,
gekrenkt, vernederd en ongelukkig gemaakt: wandaden, voor het grootste deel *op afstand* uitgevoerd, louter en alleen door middel van woorden, door de kunst
van de suggestie.

Uw schepper, Pierre Ambroise François Choderlos
de Laclos (1741-1803), heeft in 1782 onder de titel *Les
liaisons dangereuses*, gevaarlijke verhoudingen, de geschiedenis van deze intriges geschreven in de destijds
nieuwe en modieuze vorm van briefwisselingen tussen u en Valmont, u en anderen, Valmont en anderen,
en die anderen – slachtoffers, argeloze toeschouwers
en onwetende medeplichtigen – onderling. Juist omdat u zich steeds in de eerste persoon enkelvoud in
geraffineerd kat-en-muis-spel of als volleerde actrice
in een keur van vermommingen rechtstreeks tot uw
correspondenten richt, heeft de lezer de neiging u in
die laatste fase van uw roekeloze, lichtzinnige leven te
beschouwen als een mens die werkelijk heeft bestaan,
of liever, die bij de gratie van het gedrukte woord nog
steeds aanwezig is. Tussen u en de lezer schuift zich
niet de bemiddelende, nu eens als een zeef, dan weer
als buffer fungerende verteller. De indrukken die de
confrontatie met uw persoon wekt, zijn onaangelengd,
nooit getemperd. Men meent soms uw stem te horen
als men uw brieven onder ogen heeft, een koele, wel-

luidende, tamelijk lage stem; men stelt zich uw handschrift voor, duidelijk, snel, zonder aarzelingen, elegante letters, gereserveerd en spits, met een minimum aan archaïsche vormen.

Is het geoorloofd een door een andere schrijver geschapen personage opnieuw te gebruiken? Mag men onderbroken contouren doortrekken, kleur invullen waar plekken wit de verbeelding prikkelen, of intrigerende schaduwen doorzichtig maken? Het is niet mijn bedoeling u te *veranderen*, mevrouw. Eigenlijk zou ik door mijn benadering willen aantonen, hoezeer men bij de interpretatie van uw persoon tot in mijn tijd toe is blijven steken in stereotypen. Zeker heeft Laclos u in het leven geroepen met polemische oogmerken, om een bepaald milieu aan de kaak te stellen, en om te laten zien hoe tot in uiterste consequentie doorgevoerde libertinage leidt tot ontaarding van vrijheid. U belichaamt het volstrekte egoïsme. Niet uit aangeboren of aangekweekte kwaadaardigheid of mensenhaat, maar omdat u zozeer beheerst wordt door onafhankelijkheidsdrang en Rede, dat u zich voortdurend bewust blijft van uw individuele zingevende vermogen. Cogito ergo sum, ik weet dat ik besta omdat ik denken kan, is bij u: wat ik bedenk maak ik waar, en ook: het denken van anderen, al wat zich buiten mijn bewustzijn afspeelt, bestaat niet voor mij. Andere mensen en hun omstandigheden zijn voor u eenvoudige gegevens, die u taxeert op wat zij voor u meebrengen aan mogelijkheden tot aangename gewaarwordingen: amusement, genot, machtsbesef. U hebt dat zelf nooit verdoezeld. U bent op en top een product van de Verlichting, de vlees en bloed geworden luciditeit. Misschien zou men u daarom een 'monster' kunnen noemen, dat wil zeggen: een schepsel dat niet naar zogenaamd normale menselijke maatstaven gemeten kan worden. Laclos was zelf in de ban van zijn creatie, als een Pygmalion onder de schrijvers, met dit verschil dat u niet geboren lijkt uit liefde, maar uit haat, voor een type vrouw, een klasse. Heeft hij u, naar wel beweerd wordt, werkelijk naar levend model getekend? Wilde hij op die manier wraak nemen op een schoonheid uit de hoge aristocratie die hem in zijn jeugd eens om zijn – in versvorm geuite – adoratie had bespot? 'Wat zijn die jonge intellectuelen vervelend! *Deze* vooral gedraagt zich bepaald pijnlijk! Hij kan toch moeilijk verwachten dat *ik* het initiatief neem!'

Gaandeweg, naarmate uw personage een eigen gestalte kreeg onder zijn pen, is die rancune veranderd in steeds meer gecompliceerde gevoelens. Het is duidelijk dat u de schrijver hebt gefascineerd, dat u hem tenslotte boven het hoofd bent gegroeid. Men heeft wel gewezen op de plotselinge, radicale, in wezen unfaire manier waarop Laclos zich aan het einde van zijn roman ontdaan heeft van u, de figuur die hem zijn grootste roem heeft bezorgd. Hij bracht u, die altijd alle troeven in handen wist te houden, in omstandigheden, waaruit u zich niet zou kunnen redden zonder concessies te doen die eerder in uw leven voor u onaanvaardbaar geweest zouden zijn. Hij heeft u letterlijk uw gezicht laten verliezen.

Uw gezicht, mevrouw – we weten niet hoe u eruitzag, want uw uiterlijke verschijning wordt nergens in *Les liaisons dangereuses* beschreven. Wie u wil leren kennen, beschikt over geen andere middelen dan de woorden die Laclos u en andere personages in de pen gegeven heeft. Daaruit laat zich een bepaald beeld construeren: niet het haast zintuiglijk waarneembare, plastische beeld dat opgeroepen wordt door suggestieve beschrijvingskunst, maar een abstract patroon. De markiezin de Merteuil staat ons niet voor ogen, maar voor de geest, als een logisch samenhangend, consequent opgetrokken bouwsel van eigenschappen. Wij weten alles over de machinaties van uw verstand, over de strategieën die u ontwerpt, en over de mate van voldoening die deze vorm van schaakspelen u verschaft, maar wij kennen u niet. En toch bent u de enige van de figuren uit de roman, aan wie Laclos iets van een achtergrond, een verleden, heeft gegeven.

Het beeld dat de lezer van u heeft is dus individueel bepaald, gekleurd als een anima. Zonder in bijzonderheden te vervallen suggereren al uw correspondenten en de correspondenten van die correspondenten, dat u alom aantrekkelijk, verleidelijk, superieur door talenten en inzicht werd gevonden. Ik voor mij stel me u altijd voor als een van die ranke, maar geenszins broze Parisiennes: als een veer gespannen, snel reagerend bij een volmaakt maintien; zo verzorgd, met zoveel gratie in beweging en gebaar, dat het begrip 'schoonheid' van ondergeschikt belang lijkt. Misschien is uw gezicht te vinden op een van de pastelportretten van Laclos' tijdgenoot Maurice Quentin de la Tour. Wie weet bent u die ene vrouw, met de dunne, geestige lippen, het malicieuze glimlachje in de mondhoeken, de tegelijkertijd speurende en kieskeurige neusvleugels, de kritische en toch kokette donkere blik uit ovale ogen. Denk ik aan u, dan komen mij bepaalde rococoverschijningen voor de geest, ooit gezien op een prent van Moreau le Jeune of op een schilderij van Watteau: de korte, gepoederde kapsels, als kapjes van schuim, versierd met een bloem, een juweel, het raffinement van kleurencombinaties in stroken en strikken, reseda, abrikoos, zeeblauw.

Uw meisjesnaam en uw roepnaam kent niemand. Over uw ouderlijk huis vertelt u zo goed als niets in de beruchte eenentachtigste brief van *Les liaisons dangereuses*, waarin u uw jeugd en ontwikkelingsgang beschrijft. Om uw familie aan te duiden gebruikt u de term 'les miens', de mijnen; u observeerde en bestudeerde die niet nader aangeduide personen met de bedoeling mensenkennis en levenskunst op te doen. Om te beginnen moet er een grote afstand geweest zijn tussen het kind dat u was en de 'uwen'. Parijse aristocratie, dat wilde omstreeks het midden van de achttiende eeuw zeggen: een paleis ('hôtel particulier') in de stad, een omvangrijke huishouding, een op representatie ingestelde levenswijze, een vormelijke omgang tussen echtgenoten, ouders en kinderen. Ongetwijfeld hebt u uw eerste levensjaren doorgebracht bij een voedster, ergens buiten, op een landelijke bezitting van uw familie. (We weten dat uw zoogzuster Victoire later uw kamenier – en vertrouwelinge in uw escapades – geworden is.) Toen u als klein meisje thuiskwam, had u geen enkele werkelijke band met de 'uwen', behalve dan die, dat men u als draagster van een vermoedelijk illustere naam zo voordelig en eervol mogelijk hoopte uit te huwelijken. Met een gouvernante bracht u uw dagen door in eigen appartementen, op de zolderverdieping van het grote huis. (Nogmaals: nergens bij Laclos wordt dat beschreven; ik stel mij voor dat het zo geweest is.) U leerde lezen, schrijven en (summier) de catechismus. Elke ochtend leidde uw verzorgster u (als een pop opgesierd) ter inspectie naar uw moeder, wanneer die zich, omringd door schoothonden, bezoekers en modeleveranciers, liet kleden en kappen. U kreeg dansles, zangles, kortom, men bracht u het dametje-spelen bij dat als lagere school gold voor meisjes van uw stand. U werd echter niet, zoals toen algemeen gebruikelijk was, ter voltooiing van uw opvoeding naar een kloosterinternaat gestuurd, St.-Cloud of St.-Cyr, of de nog voornamere abdij van Fontevrault waar de koning zijn eigen dochters had ondergebracht. Waarom uw ouders van de regel afweken, is niet bekend. U noemt uw moeder 'waakzaam'. Maar in welk verband? Ook dit wordt niet verklaard. U schrijft dat u in uw meisjestijd alleen al door die staat-van-zijn veroordeeld was tot mond houden en nietsdoen; u had geen vriendin, geen vertrouwde; lichamelijk was u niet vroegrijp. Dat laatste kan er de oorzaak van geweest zijn dat men in uw omgeving blind was voor uw buitengewone opmerkingsgave en onderzoekingsdrang. U leek een kind, maar (ik haal uw eigen woorden aan): 'terwijl men mij voor speels en snel afgeleid hield – en om de waarheid te zeggen, ik luisterde nauwelijks naar al die verhandelingen die men zo nodig tegen mij moest houden! – ving ik zorgvuldig de dingen op die men juist voor mij verbergen wilde.' Als een ontdekkingsreiziger in eigen huis kon u uw ouders en hun kennissen bespieden; naast elementair Latijn en Grieks, natuurlijke historie, geografie en geschiedenis, borduren en harpspelen, leerde u op die manier het een en ander over de zeden van de beau monde, lichtzinnig en cynisch en toonaangevend voor volwassenen die mee wilden tellen in de hofkringen rond Lodewijk xv. Het was u niet toegestaan te vragen wat de galante gravures voorstelden die tussen voorouderportretten en geschilderde allegorieën aan de wanden hingen, met onderschriften als De Roof van het Hemd, of de Schommel als Koppelaar, of Geen Verzet, Schone Vriendin! Maar uit wat u, zonder dat iemand het vermoedde, zag en hoorde, hebt u geleerd dat de vrouw, iedere vrouw, van elke rang en stand, een prooi was voor de man van uw milieu, en dat diens voorbeeldige manieren slechts camouflage betekenden voor

een onbarmhartige jacht; dat de echtgenoot die hu-
welijkstrouw verlangde en verwachtte, als een 'pro-
vinciaal' werd beschouwd, en de vrouw die na zes
maanden getrouwd geweest te zijn nog verliefd was
op haar man, als een domme gans, zozeer zelfs dat
men aan haar verstand twijfelde wanneer zij zich over
verwaarlozing beklaagde. U leerde dat lelijke meisjes
eigenlijk geen bestaansrecht hadden, en dat de mooie
zo gauw mogelijk profijt van hun bekoorlijkheden
dienden te trekken; dat een vrouw, zodra zij de der-
tig gepasseerd was, hoogstens nog door elegantie en
boosaardige tong kon boeien, en verder al wat haar op
het gebied van erotische teleurstellingen en vernederingen overkwam met een glimlach te slikken had. U
leerde ook dat een meisje, als zij zich niet goedschiks
geven wilde aan een man-van-de-wereld die haar begeerde, met list en geweld genomen kon worden, en
zulks niet zelden met medeweten en goedvinden van
haar verwanten. Tenslotte leerde u wat de meest suc-
cesrijke manoeuvre werd geacht in de strategie van
de vrouwenverleider, een kunst die iedere man uit uw
kringen zich eigen trachtte te maken, al was het alleen
om door zijnsgelijken voor vol te worden aangezien:
het 'ravoir', dat wil zeggen het opnieuw bezitten van
een vroeger geliefde bij wie men nog tedere gevoelens
vermoedt, om haar vervolgens ten tweeden male, en
dan bij voorkeur onverwachts, te verlaten; staaltjes van
sadistisch raffinement, die de kenners bij uitstek van
uw eeuw, Edmond en Jules de Goncourt, bestempeld

hebben als het dieptepunt in de man-vrouwverhouding van voor de Franse Revolutie. Toen al schoolde u zich bewust in het doen-alsof, het verbergen van uw gevoelens. Om volmaakte zelfbeheersing aan te kweken bracht u zichzelf opzettelijk verwondingen toe die niemand zag, leed u pijn terwijl u zich tegelijkertijd oefende in zorgeloos en ontspannen gedrag, en in gezichtsuitdrukkingen die suggereerden dat u gelukkig was. In die eenentachtigste brief van *Les liaisons dangereuses* geeft u aan op welke manier u zo snel en tactisch mogelijk de kloof trachtte te overbruggen tussen onmondigheid en rijp-zijn-tot-handelen (met het oog op later, om niet, nooit, dupe te worden): u maakte uw biechtvader wijs dat u gedaan had 'wat alle vrouwen doen', en kreeg uit zijn gespecificeerde vragen meer en duidelijker voorlichting dan u verwacht had.

We weten niet hoe oud u was, toen u op de gebruikelijke wijze, dat is binnen zeer korte tijd, een of twee weken, werd uitgehuwelijkt aan een als goede partij beschouwde oudere man, die u maar even, vluchtig, had ontmoet; vermoedelijk pas op de dag dat leden van beide families het contract ondertekenden. Veel ouder dan vijftien jaar zult u niet geweest zijn; dat gold als de normale leeftijd om te trouwen. In uw omgeving zal men gevonden hebben dat u voldeed aan de eisen die aan een dame werden gesteld: 'Zij heeft voldoende ontwikkeling, maar loopt daar niet mee te koop. Zij bezit een uitstekende smaak, gedraagt zich hautain, haar omgangsvormen zijn perfect. Zij is gelukkig door en door *gekunsteld*, en daardoor volstrekt comme il faut.'

Zodra de kwesties van bruidsschat en erfenis geregeld waren, werden de uitnodigingen voor de bruiloft verzonden. U trouwde in de kerk van uw parochie, tijdens een middernachtsmis, dat was bijzonder voornaam. In een japon van zilverbrokaat, gedrapeerd over zeer wijde paniers, stond u bij het licht van duizend kaarsen naast de markies de Merteuil voor het altaar. Later was er een feestmaaltijd in het huis van uw ouders. Er werd ook gedanst op melodieën die in de mode waren, zoals de welluidende 'Marseillaise'. Als het waar is dat Laclos de vrouw die hem tot uw beeld inspireerde heeft ontmoet in Grenoble of Valence, in de tijd toen hij daar in garnizoen lag (respectievelijk van 1769-1775 en van 1776-1778), dan kunnen we misschien de landgoederen van de fictieve markies de Merteuil situeren in de streek tussen de Rhônevallei en de Alpen. In een van die steden, laat ik Valence kiezen (al zijn de meesten van Laclos' biografen van mening dat Grenoble de plek van die voor zijn roman beslissende jeugdervaring is geweest), zou een dergelijke grand seigneur dan ongetwijfeld een huis bezeten hebben. Omdat zowel die residentie als het landgoed zo ver verwijderd waren van Parijs, is er bij gelegenheid van uw huwelijk waarschijnlijk afgeweken van de gewoonte de wittebroodsweken door te brengen op de 'grond' van de echtgenoot. Uit de eenentachtigste brief in *Les liaisons dangereuses* valt op te maken dat u de eerste maanden van uw nieuwe staat doorbracht in een werveling van wereldse genoegens. Jonge getrouwde vrouwen uit uw kring werden meestal zo gauw mogelijk officieel voorgesteld aan het hof. U treedt niet in bijzonderheden betreffende het waar en hoe van uw uiterlijke levensomstandigheden in de eerste tijd van uw huwelijk. Wel bent u, in kort bestek, zeer openhartig over de intieme verhouding tussen u en de markies (over wie u zich, zoals u elders hebt opgemerkt, nooit te beklagen had). U kwam maagdelijk tot hem, maar u was allesbehalve onwetend; begerig naar ervaring, moest u zich in de eerste nacht dwingen tot het vertoon van schroom en angst dat van u werd verwacht. Later, omdat u – zoals u bekent – 'instinctmatig begreep dat de echtgenoot de laatste is die men in een dergelijk geval in vertrouwen moet nemen', wendde u frigiditeit voor. Niet alleen ontging het de markies hoe sensueel u in werkelijkheid was, hoezeer u hem welbewust en berekenend, maar indirect, leidde in het liefdesspel, maar hij hield u bovendien – evenals trouwens uw hele omgeving – voor een kind, dat onder het vernis van zorgvuldig aangeleerde damesachtigheid genoot van aan getrouwde vrouwen voorbehouden vrijheden. Dat leven kon niet voortduren, u wist het. U maakte een zo goed mogelijk gebruik van die korte periode van 'oppervlakkig vertier', zoals u die zelf kenschetst. U ging naar de Opera, naar gemaskerde bals, soupers, misschien hoorde u tot de uitverkorenen die kaartavondjes in Versailles mochten bijwonen in de salons van de koningin, of nog exclusiever, in de appartementen van de koning, waar madame de Pompadour als gastvrouw optrad. Nog nooit eerder had u zoveel gelegenheid gehad de 'rouerie' van uw tijdgenoten te bestuderen. In de praktijk van het uitgaan en ontvangen maakte u zich de finesses eigen van de nietszeggende, hoffelijke en dubbelzinnige galante conversatie, en vooral van het waaierspel, het wuiven, dichtklappen, ritselend ontvouwen, duizend en een signalen ter aanvulling van woord en blik. U werd zich bewust van uw macht. U moet zich ook, soms, gerealiseerd hebben dat u eigenlijk niet thuishoorde in dat wereldbeeld, tussen die mensen. Zestien jaar oud, voelde u zich van tijd tot tijd een wezen van andere orde, het enige niet-naïeve brein te midden van aan spelletjes en ceremonieel verslaafden. Er waren ogenblikken waarop u zich afvroeg tot welke slotsom uw studies van mensen en hun moraal zouden leiden; en of er niet een ander antwoord was dan de groeiende kilte in uw hart.

'Maar, na enkele maanden,' schrijft u in die bewuste brief aan Valmont, 'nam mijnheer de Merteuil me mee naar zijn saaie landgoed...' Ik stel me dat voor, niet zo heel ver van Valence, in de streek die nu het departement Drôme heet, een landschap dat een liefhebster van door Lenôtre aangelegde parken, een aan rococoweelde gewende Parisienne, waarschijnlijk allesbehalve aantrekkelijk is voorgekomen. Beboste heuvels ('chasse gardée'), schrale weiden vol blauwe distels en steenbrokken, waar kudden geiten grazen. Aan de ene kant van de lange, lage bergruggen het dal van de Rhône, weidse vlakte waarin groepen populieren verticale vegen vormen, aan de andere kant de steile kammen van de Vercors, grillig geprofileerd tegen de hemel. Op alle heuveltoppen kleine agglomeraties, veelal uit keien opgetrokken hutten, samengeklonterd rondom een bescheiden kasteel met een welluidende naam, Chabrillan of Autichamp, Cléon d'Andran, Mirmande. Een landschap van golvende lijnen, bosgroen en bergblauw met strepen wit van de steengroeven, en in de zomer spaarzame vlakken geel of lichter groen van graanakkers. Een niet zo vruchtbare streek met een bevolking van arme boeren en herders, die de feodale velden bewerken en de kudden van hun heren hoeden. Was dat de 'triste campagne' waarheen u uw echtgenoot moest volgen? In de tijd dat u daar woonde, kwam u maar zelden buiten de muren, een enkele maal om van verre deel te nemen aan een jachtpartij (paardrijden had men u niet geleerd), of om per karos bezoeken af te leggen bij uw buren-kasteelbewoners, in uw ogen niet veel meer dan herenboeren, gastvrij en van goeden wille, maar een eeuw ten achter in hun denkbeelden, en beperkt in hun conversatie. Een vroegere de Merteuil had al pogingen aangewend een gedeelte van het kasteel te moderniseren en te verbouwen tot een manoir, een landhuis met naar verhouding meer comfort. Daar sleet u uw dagen, mevrouw. Er was voor u absoluut niets te doen. Uw man, die zijn jeugd in de streek had doorgebracht en – wie weet – oprechte belangstelling koesterde voor het beheer van zijn grond, inspecteerde stallen en schuren, praatte met rentmeesters en pachters en bezocht magistraten in de stadjes in de buurt. Hoe moet ik mij uw behuizing voorstellen? Zoals het château dat ik in die buurt eens binnen ging: een 'zaal', met grijs-wit geschilderde lambrisering, waartegen familieportretten zijn opgehangen; rondom de monumentale haard een verzameling stoelen in alle stijlen tussen Renaissance en Lodewijk xv, diepe vensternissen, vanwege de dikte der muren: zelfs in de zomer is het niet echt licht in zo'n ruimte. U had een eigen slaapvertrek, met kleden op de vloer, een hemelbed, een secretaire die op slot kon, een harp, een spiegel. U droeg voor uw omstandigheden belachelijke toiletten uit uw trousseau, van damast en brokaat met ruches en rozetten en fijne kanten stroken. In de winter wikkelde u een wollen omslagdoek, zoals de herderinnen hadden, om uw Parijse pracht, om geen longontsteking op te lopen in de gangen en op de trappen. U had tijd, meer dan voldoende tijd, om te bedenken wat u zou staan, bij welke gelegenheid, in welk gezelschap. U leerde door en door uw eigen gezicht en lichaam kennen. U fantaseerde ontmoetingen, u voerde denkbeeldige gesprekken, u borduurde voort op mogelijkheden van contacten en verhoudingen, die tijdens dat ene seizoen in Parijs binnen uw gezichtskring gekomen waren. 'Angst voor verveling wekte mijn studiezin weer tot leven' (ik citeer de eenentachtigste brief). Was er een boekerij op het kasteel? Aangelegd door een vader of grootvader van de markies, met genoeg geestelijke onafhankelijkheid en avontuurlijkheid (die streek, de Basse Dauphiné, heeft van oudsher veel protestanten en vrijdenkers voortgebracht) om elders geschuwde of als moeilijk of schandalig beschouwde schrijvers te verzamelen? Vond u werken van Erasmus, Rabelais, Montaigne, Pascal, Descartes, Lafontaine op de boekenplanken in een kamer waar zelden iemand kwam?

Een kenner van die Basse Dauphiné waar u met de markies de Merteuil leven moest, heeft de mensen daar bij uitstek lucide en redelijk genoemd. Anderzijds zouden zij de neiging hebben hun behoefte aan onafhankelijkheid door te drijven tot aan de uiterste grenzen van het individualisme. Zij zijn 'pragmatisch, wars van theorieën en dromen', maar ook: 'achter de façade die zij de wereld toekeren gisten ingehouden hartstochten'. Naar verhouding meer jonge mannen uit de Dauphiné dan uit andere provincies van Frankrijk hebben in uw tijd deelgenomen aan veldtochten, in het eigen land en overzee, in Canada, India, Amerika. Men verklaart dit voor een deel uit de armoede van de streek met zijn grote gezinnen en te weinig vruchtbaar land; maar tevens uit een onmiskenbare vechtlust, die zich op zijn felst manifesteert als verzet tegen een als onrechtmatig ervaren gezag. Lange verhalen zou ik moeten vertellen, mevrouw, (die hier niet op hun plaats zijn) om u duidelijk te maken dat ook in mijn tijd, in de tot nog toe laatste wereldoorlog, het bergland van de Vercors een belangrijke rol gespeeld heeft als haard van illegaliteit, bolwerk van de 'maquisards'. Toen u huisde op het kasteel van uw man, moet de streek nog gegonsd hebben van geruchten betreffende Louis Mandrin, zoon van een veehandelaar, als gevolg van desillusie en tegenslag smokkelaar en bandiet geworden, en na dolzinnige maar spectaculaire waaghalzerij gegrepen en in 1755 in Valence op het rad terechtgesteld (nog heten in Valence en Romans en tal van andere stadjes in de buurt straten en pleinen naar hem).

Vanuit uw raam, mevrouw, kon u dagelijks jonge mannen zien lopen met nog vrij wat minder kansen in het leven dan Louis Mandrin had gehad; jongens in een gescheurd hemd, een opgelapte broek, barrevoets: stalknechten, herders. Zij durfden niet omhoog te kijken naar waar u stond. Zij behoorden tot het sterke geslacht, hadden jonge lichamen, brede schouders, maar zij waren niet vrij, en zouden zo lang zij leefden geen werkelijke vrijheid kennen. Vooruitkomen, waar en hoe dan ook, was voor dezulken uitgesloten. Zelfs de man die u bedacht heeft, mevrouw, Choderlos de Laclos, werd – ofschoon qua afkomst, opvoeding en materiële omstandigheden hemelhoog verheven boven de zonen van mijnheer de Merteuils pachters en personeel – in het begin van zijn loopbaan (als militair bij het wapen genie) herhaaldelijk ten achter gesteld bij aristocraten die in intellectueel opzicht zijn minderen waren, maar een oudere stamboom hadden dan de zijne.

U, mevrouw, – hooggeboren, maar *vrouw* – was evenmin 'vrij'. U had echter een voorsprong: uw verstand, en de mogelijkheid dat te gebruiken. Bij Descartes had u een definitie gelezen van waarachtige vrijheid: 'het opperste geluk, dat vulgaire geesten tevergeefs van de Fortuin verwachten, maar dat een mens alleen maar op eigen kracht kan bemachtigen.' Mét Descartes geloofde u – nauwelijks zeventien jaar oud – dat de mens niet een eenmaal gegeven grootheid is, maar een eigen creatie, die men levenslang onophoudelijk moet vernieuwen. De mens is in staat zich zelf te vormen en al wat hem overkomt te zijnen nutte te gebruiken. Die staljongens en herders wisten geen raad met opwellingen van vrijheidsdrang, en zouden iedere poging tot zelfstandigheid met straf en wellicht met verlies van hun leven moeten bekopen. Hun jonge kracht had geen zin; er kon voor hen geen verandering, geen verbetering bestaan. Zij waren voorgoed geketend aan hun staat-van-zijn. Wanneer u daaraan dacht, mevrouw, huiverde u; maar niet van medelijden, veeleer van afschuw om het vergelijkbare lot dat *u* zou kunnen treffen, wanneer u niet uw lot in eigen handen nam. Men had u altijd voorgehouden dat vooral haar grotere emotionaliteit, lichamelijke en geestelijke kwetsbaarheid, de vrouw ongeschikt maken om waarlijk macht te hebben, zowel over zichzelf als over anderen. En dus ging u voort, daar op het kasteel van uw echtgenoot, u te oefenen in zelfbeheersing. Maar niet alleen daarin! Weer waag ik het u te citeren: 'Daar ik uitsluitend omringd was met mensen die qua stand zo ver beneden mij stonden, dat niemand het in zijn hoofd zou halen mij te verdenken van andersoortige relaties dan die tussen meerdere en ondergeschikten, kon ik het terrein van mijn onderzoekingen aanzienlijk uitbreiden. Het was vooral onder die omstandigheden, dat ik tot de overtuiging kwam dat liefde niet zozeer (naar men beweert) de oorzaak van ons genot is, als wel het voorwendsel ertoe.'

Een ernstige ziekte van de markies de Merteuil maakte een einde aan de landelijke geneugten. U vergezelde uw echtgenoot naar de dichtstbijzijnde grote stad, naar Valence, denk ik, waar u over dat eigen huis kon beschikken. De geraadpleegde artsen bleken machteloos; enkele weken later was u weduwe. U betreurde het heengaan van de markies, omdat u zijn karakter had leren waarderen, en voor zijn geduld en voorkomendheid jegens u alleen maar dankbaar kon zijn. Toch zag u in – terecht – dat uw overleden echtgenoot u geen groter geschenk had kunnen geven dan juist zijn dood: als weduwe zou u in de naaste toekomst, na afloop van de rouwperiode, meer vrijheid genieten dan ooit tevoren. De aansporingen van uw moeder om u in een klooster terug te trekken, of om, in halve retraite, weer in het ouderlijk huis te komen wonen, wees u van de hand. Een tijdlang hield u zich, daar in die provinciestad, nauwgezet aan alle voorschriften: schilderijen, spiegels, alle siervoorwerpen omfloerst, uw slaapvertrek van plafond tot vloer behangen met krip, u zelf, in diepe rouw gehuld, dag in dag uit verborgen in uw huis achter gesloten luiken. Nadat u alle beklag had aangehoord, aan al het verplichte ceremonieel had deelgenomen, begaf u zich in stilte weer naar het kasteel, waar u, zoals u schrijft 'nog het een en ander te leren had'. U zocht een achtergrond voor die waarnemingen in lectuur; ditmaal echter niet in de werken van filosofen en satiristen, maar bij de libertijnse en lascieve auteurs, de jongere Crébillon, Restif de la Bretonne, Nougaret, Argens en vele anderen. Uw tweede verblijf op het 'saaie landgoed', mevrouw, lijkt mij adembenemend bizar. Achttien jaar oud, in het zwart gekleed (ongetwijfeld met details van eigen vinding, die uw bekoorlijkheden onderstreepten), hield u zich koel, zakelijk, vol wetenschappelijke ijver, bezig met drie vraagstukken: wat u moest doen, wat u moest denken en wat u in de ogen van anderen moest schijnen. Uw lectuur, uw onderhandelingen met rentmeesters en notarissen, en uw 'andersoortige' experimenten (naar ik vermoed, met herders en staljongens) begonnen u te vervelen. U wilde zich voorbereiden op een terugkeer naar de wereld waarin het spirituele steekspel en het amoureuze avontuur volop geldig waren. Uw geest was spits genoeg; maar u had gelezen dat liefde, of verliefdheid, zich niet laat veinzen. Na ampele overweging meende u dat u in het doen-alsof zou kunnen slagen, wanneer u de gaven van een scenarioschrijver én die van een toneelspeler in uw persoon zou weten te verenigen; maar dat vereiste concentratie, oefening. Na een jaar – de rouwperiode was toen verstreken – hebt u voorgoed de 'grond' van de familie de Merteuil verlaten. U keerde terug naar Parijs, niet naar uw ouderlijk huis, of naar een convent voor adellijke weduwen, maar naar een eigen woning, die een zaakwaarnemer voor u had gekocht en volgens uw aanwijzingen had laten inrichten. Toen al moet u begonnen zijn met schulden maken. De familie van wijlen de markies (voor het grootste deel gevestigd in de provincie Bourgogne, in de omgeving van de stad Dijon; dit valt uit terloops verstrekte gegevens in *Les liaisons dangereuses* op te maken) zal uw doen en laten met bezorgdheid vanuit de verte hebben gadegeslagen. Men hoopte natuurlijk dat u gauw zou hertrouwen. Maar u was niet van plan afstand te doen van de vrijheid waarop u zich lang had voorbereid. In financieel opzicht zou men u roekeloosheid kunnen verwijten. Maar bij het leggen van nieuwe contacten, het opbouwen van relaties, bent u bijzonder doordacht te werk gegaan. Uw verblijf op het land, 'in strenge afzondering', had u de reputatie bezorgd van degelijkheid en deugdzaamheid. De mensen met wie u in deze nieuwe fase van uw leven graag zou willen verkeren, hielden zich op een afstand, menend dat u in hun kring van frivole ingewijden niet zou passen. U werd daarente-

gen met open armen ontvangen door wat u de 'preutse partij' hebt genoemd: vrouwen die door hun leeftijd
of gebrek aan aantrekkelijkheid niet of niet meer mee-
telden, en die zich nu vol ijver opwierpen als dueña's
om uw eerbaarheid te behoeden; en honnête, maar in
uw ogen weinig interessante mannen, die volgens alle
regels der welvoeglijkheid te kennen gaven graag de
markies de Merteuil te willen opvolgen in de functie
van uw echtgenoot. U speelde het klaar uw behoefte
aan gewaagde avonturen te bevredigen in een reeks
liaisons met galante graven en markiezen uit de frivole
uitgaande kringen, die u echter tot dusdanige discretie
wist te dwingen, dat noch daar, noch bij de preutse
partij ooit een zweem van wantrouwen jegens u op-
kwam. De dueña's verdedigden u door dik en dun, al
was het alleen omdat u uw degelijke aanbidders stuk
voor stuk afwees. Zelfs de vrouwen die reden hadden
u te vrezen, durfden niet over u te roddelen. U had
een onaantastbare positie veroverd. Niemand van al
degenen met wie u omging twijfelde aan de juistheid
van het beeld dat hij of zij van u had. Ter wille van
de vriendschap, sympathie, liefde, zinnelijke verrukking, speels spirituele intimiteit, die ieder voor zich als
enige van u meende te ontvangen, liet men zich maar
al te graag door u overreden niets van de verhouding
prijs te geven aan derden, en de kostelijke vertrouwelijkheid te koesteren als een schat. Zo raakte u algauw
op de hoogte van de hartsgeheimen van mannen en
vrouwen, die niet beseften hoezeer zij daardoor in uw

macht waren. U wist, zonder bij de betrokkenen in diskrediet te raken, van tijd tot tijd, als dat zo in uw kraam te pas kwam, gebruik te maken van uw kennis. Volkomen op uw gemak, stralend, vitaal, beheerste u het web van intriges dat u zelf gesponnen had. U werd bewonderd en aanbeden door jong en oud, elke vrouw waande zich uw liefste vriendin, elke minnaar dacht dat hij de enige was aan wie u ooit een gunst had geschonken. Teleurstellingen, tegenslagen, onaangename onthullingen of coïncidenties schreef men toe aan het lot of aan eigen onvoorzichtigheid, nooit kwam iemand op de gedachte dat u de dingen die men u in boudoir of bed had toegefluisterd, aan anderen zou vertellen. En mocht dat eens een enkele keer wel het geval geweest zijn – nu, u zegt zelf dat u steeds nauwkeurig het moment wist te bepalen waarop u 'kapte', en dat u de connecties die voor u gevaarlijk zouden kunnen worden, bij voorbaat onschadelijk maakte door hen in een positie te brengen waarin zij, als zij u beschuldigden, belachelijk of ongeloofwaardig zouden zijn.

Toen, op het hoogtepunt van uw carrière als vrouw-van-de-wereld, hebt u de vicomte de Valmont ontmoet. Of liever gezegd: hij kwam u ter ore. Zijn reputatie was van dien aard, dat u in hem uw mannelijk pendant meende te herkennen. Uw nieuwsgierigheid, uw begeerte waren gewekt. 'Ik brandde van verlangen mij in een lijf aan lijf gevecht met jou te meten,' hebt u aan Valmont geschreven in die nu al zo vaak aangehaalde eenentachtigste brief in Laclos' roman, en ook:

'Dat was de enige maal dat ik mijn zelfbeheersing heb verloren, en in de ban kwam van een verliefdheid.' O zeker, mevrouw, Valmont werd uw Waterloo. Wat dat precies betekent, kan ik u niet uitleggen, of het moest zijn dat u een leven-in-de-tijd was toebedacht dat reikte tot voorbij de nederlagen van de korporaal die Keizer werd, keizer van Frankrijk, na de ondergang van de Bourbons en de mislukking van de Revolutie. (Uw schepper Laclos heeft het niet meegemaakt; hij stierf in 1803 in Italië, toen hij in dienst van diezelfde carrièremaker-zonder-weerga, Bonaparte, als artillerist aan een veldtocht deelnam.) Valmont was het keerpunt in uw leven. U meende ook hem in uw macht te hebben; in de honderdtweeënvijftigste brief van *Les liaisons dangereuses* zinspeelt u even op een verborgen gebleven vergrijp van Valmont jegens het Hof: jegens de koning? Majesteitsschennis? Een samenzwering? Landverraad? Damiens, die in 1756 een (mislukte) aanslag pleegde op Lodewijk xv, werd langdurig gemarteld en tenslotte door vier paarden levend uiteengerukt. Beledigingen, het Koninklijk Huis aangedaan, werden op zijn minst bestraft met opsluiting in de Bastille of in een andere vesting. U kende Valmonts geheim, u had hem kunnen verraden. In werkelijkheid had hij meer macht over u, omdat u ten aanzien van hem voor de eerste en laatste maal in uw leven kwetsbaar was. Laclos' roman is niet zozeer de kroniek van uw beslissende schandelijke intriges, als wel het verslag van uw geleidelijke nederlaag. U denkt nog alle draden in handen te hebben, maar in feite wordt het web rondom u vernietigd, raakt u verstrikt in uw eigen spinsels. Op het ogenblik dat u ophield boven alles verheven tronend als een godheid, onberoerd, mensen en gebeurtenissen te manipuleren; op het ogenblik dat u innerlijk zwak werd, pijn leed, u versmaad voelde, machteloos stond tegenover de macht van liefde en passie, die u als bakersprookjes ontmaskerd meende te hebben; op dat moment, mevrouw, was u verloren. Niets bleef u bespaard. Valmont hartstochtelijk verliefd op een andere vrouw, Valmont onzeker, wanhopig, voor u verloren, Valmont tenslotte gedood in een duel; uw vrienden en bewonderaars veranderd in onverzoenlijke vijanden, de frivole én de preutse kring voorgoed voor u gesloten, uw schuldeisers klaar tot het uiterste te gaan in hun pogingen de waanzinnig hoog opgelopen rekeningen betaald te krijgen; de verwanten van uw man in Dijon – zijn erfgenamen, omdat u kinderloos was gebleven – zegevierend in de tegen u aangespannen procedure, hetgeen betekende dat u totaal bankroet was. Uw zoogzuster en kamenier Victoire (tot op dat ogenblik in uw macht als in een klem, omdat u een geheim kende dat haar, als het uitgelekt was, in het spinhuis of op het schavot had gebracht) liet u in de steek; wie weet reikte zij u onzuiver waswater of besmette ochtendchocolade, misschien blies zij wel, terwijl zij u kapte, van dichtbij haar geïnfecteerde adem in uw gezicht, droeg zij de kiemen van de gevreesde ziekte op u over. Toen u, bijgekomen uit koortsdromen en pijnaanvallen, voor het eerst weer in uw spiegel keek, wenste u dat u dood was.

Er zijn in Parijs nog steeds – vooral in de wijk Marais – kleine paleizen, daterend uit de zeventiende en achttiende eeuw; via een overwelfde poort in een rij huizen die honderd jaar geleden gebouwd werden, hoog, grijs, met smalle balkons, etage boven etage, komt men plotseling uit op een geplaveide cour, kijkt men omhoog tegen met stucwerk omrankte ramen, een elegant bordes. *Nu* zijn de keukens en dienstruimten van vroeger meestal magazijnen, pakhuizen van de aan de straat gelegen winkels, en de hogere verdiepingen (nog te bereiken langs een goed geconserveerde wenteltrap van eeuwen her) kantoren en ateliers. In een dergelijk huis heeft u misschien gewoond, mevrouw, dat wil zeggen, Laclos stelde zich voor dat u daar uw staat voerde van jonge, weer beschikbare vrouw. Hij gunde u ongetwijfeld een koets en paarden, met bijbehorend personeel in livrei, hij had u immers nooit het leven van een dame à la mode kunnen laten leiden wanneer hij u niet in zijn verbeelding gezien had als de bewoonster van een representatief huis, met salons en een boudoir, en een slaapvertrek dat via een geheime gang met de buitenwereld verbonden was. Zulks blijkt trouwens ook uit de vijfentachtigste brief van *Les liaisons dangereuses*, waarin u beschrijft hoe u een van uw aanbidders binnen enkele uren verleidde én tot de risee van zijn omgeving maakte. Er is daar sprake van kamervrouwen, lakeien, een sterke huisknecht. Kortom, u had een kleine hofhouding. U gaf diners en kaart- en dobbelavonden. Al kan uw interieur bij lange na niet zo weelderig geweest zijn als de inrichtingen die 's konings favoriete, madame de Pompadour, bij kunstenaars op ieder gebied bestelde, men mag toch wel aannemen dat u, als vrouw van smaak, meubels, behangsels, klokken en tapijten koos die ook nu nog op veilingen van antiek als stijlzuivere, kundig gemaakte objecten van de hand zouden gaan. Een van de voornaamste attracties van uw tafel was het prachtige zilverwerk van de familie de Merteuil, vervaardigd door edelsmeden die ook de Franse koningen gediend hadden. U had zich er nooit zozeer rekenschap van gegeven, en die fraaie verzameling schalen en bokalen (omrankt door vergulde druiventrossen, geschraagd door tritons en dolfijnen van gedreven zilver) beschouwd als passende decoratie bij de briljante of uitgelaten gesprekken die uw gasten over wildbraad, pasteitjes en edele wijnen heen met elkaar voerden. Maar toen u, wankelend, vermagerd, voetje voor voetje, voor het eerst na uw ziekte de kamers van uw huis inspecteerde, werd u zich plotseling bewust van de waarde van wat daar op uw schenkkasten uitgestald stond. Twijfel beving u, in die salons, in de eetzaal, waarin al sinds maanden geen gast meer een voet had gezet. De gordijnen en spiegels en kroonluchters, de vergulde, met damast beklede stoelen waren niet uw eigendom. De mensen die hier het glas geheven hadden, een menuet of contradans hadden uitgevoerd, bestonden niet meer voor u. U dwaalde door de vertrekken met hun onbetaalde modieuze pracht. Telkens werd u, in het voorbijgaan, geconfronteerd met uw verschijning: tengere vrouw in negligé, het niet-gepoederde haar loshangend, een zwarte lap over het blind geworden oog, het gezicht door littekens, rode zwellingen, nog werkende puisten verwoest. Uw personeel was vertrokken of ontslagen. De verplegers, door de familie de Merteuil (die zelf voorzichtig op een afstand bleef) aangesteld, gedroegen zich, ongetwijfeld volgens ontvangen orders, als cipiers. Er meldden zich geen bezoekers. De laatste paar keren dat u zich in het openbaar had vertoond – de inmiddels ontmaskerde, zedeloze intrigante –, hadden alle aanwezigen als bij afspraak u de rug toegekeerd. De stoelen aan weerszijden van de uwe bleven leeg. Niemand richtte het woord tot u, keek naar u. Die herinneringen hielden u gezelschap in de periode van herstel. Als u een van de ramen een eindje openschoof, hoorde u in de verte vaag de geluiden van Parijs.

Hoe en wanneer is het plan om te vluchten in u gerijpt? Klemmender nog is de vraag hoe u het zonder hulp hebt kunnen uitvoeren. Laclos verstrekt daarover geen gegevens. Hij laat een van uw vroegere connecties in een brief (de laatste in *Les liaisons dangereuses*) meedelen dat u het proces met de erfgenamen van wijlen uw echtgenoot smadelijk verloren had. 'Zodra zij het nieuws vernam, heeft zij, hoewel zij nog altijd ziek was, haar maatregelen getroffen en is 's nachts he-

lemaal alleen, met de postkoets vertrokken.' De brief-
schrijfster maakt melding van het 'geweldige schandaal' dat uw vlucht heeft veroorzaakt, 'aangezien zij
haar diamanten heeft meegenomen, die erg kostbaar
zijn en die aan de erfgenamen van haar man moesten
worden teruggegeven; evenals haar zilverwerk, haar
sieraden en alles wat zij maar heeft kunnen inpakken.
Daar komt nog bij dat zij een schuld van bijna vijftig-
duizend francs heeft achtergelaten.' In dit relaas treft
een laconiek zinnetje: 'Men denkt dat zij op weg naar
Holland is.'

Ik probeer mij uw binnenkomst in 's-Gravenhage
voor te stellen, mevrouw, op een kille, winderige
avond bijvoorbeeld, via de Maliebaan en de Nieuwe
Bosbrug, en vervolgens over het Tournooiveld. U zat
weggedoken in een hoek van de postkoets, gewikkeld
in uw reismantel, de capuchon ver omlaag getrokken,
een sluier voor uw gezicht. Op schoot hield u het etui
met de diamanten van de familie de Merteuil. Vier of
vijf dagen – hoe lang duurde een dergelijke reis in uw
tijd? – had u zich volstrekt afzijdig gehouden van de
andere reizigers, zowel in de koets als in de relais onderweg waar voor rust en verse paarden werd uitge-
spannen. Toen de wielen over de keien van de Lange
Vijverberg ratelden, schoof u, even maar, het gordijn
van een raampje opzij en keek naar buiten; althans,
u probeerde in het halfdonker iets te onderscheiden.
Maar in de mist of de regen zag u niets dan vaag licht-
schijnsel achter de vensters van het Logement van

Dordrecht en van de huizen aan de Plaats. U liet zich brengen naar de stadsherberg op de Groenmarkt en vroeg daar om de beste beschikbare kamer. Er was een goed vuur, een goed bed. Nadat u zich ervan had vergewist dat al uw koffers veilig waren meegekomen, viel u uitgeput in slaap. Pas 's ochtends, toen de dienstmeid die u warm waswater kwam brengen de luiken opendeed, zag u door een kier van de bedgordijnen de omtrekken van de kerktoren en het dak van het raadhuis tegen de grauwe lucht. Later stond u lange tijd voor het raam met kleine groenachtige ruiten en keek uit over de markt, met rondom propere bakstenen gevels, en Nederlandse burgers en neringdoenden in degelijk saai en baai gekleed. Zelfs in de herbergen van het Noord-Franse platteland met hun cour vol mesthopen, modder, varkens en morsig dienstvolk, had u zich nooit zo volstrekt misplaatst, zo vreemd gevoeld als hier. Zo begon uw vrijwillige ballingschap in een gebied waaraan u zich voordien nooit verwaardigd had aandacht te besteden.

Choderlos de Laclos hield niet van Holland. In *Les liaisons dangereuses* voert hij (in de zevenenveertigste brief) een Hollandse burgemeester ten tonele, die een en al stereotiepe karikatuur is: 'een kleine, dikke kerel, die een Frans met Hollandse tongval brabbelde', 'een klein biervaatje', en die door Valmont, Emilie (een galante danseres van de Opera) en hun beider kennissen voor de gek gehouden, dronken gevoerd en weggewerkt wordt. In 1794, na een periode van gevangenschap (hij gold als verdachte libertijn) opnieuw ingeschakeld bij het wetenschappelijk onderzoek van springstoffen in dienst van de nieuwe Franse Republiek, schrijft de politiek zeer geïnteresseerde Laclos: 'Ik beschouw de Lage Landen als een gebied waar wij geen enkele grondstof vandaan halen; zeer dicht bevolkt met zeer ijverige, zeer hebzuchtige lieden; een land dat ons producten uit het buitenland levert, en onze producten naar het buitenland uitvoert, waardoor de winst voor ons verloren gaat; een land dat onze grondstoffen koopt, die dan weer kant-en-klaar verwerkt aan ons vérkoopt en ons op die manier van werkgelegenheid berooft; een land dat ons tegen de hoogst mogelijke prijzen de zeldzame producten uit zijn koloniën levert, en dat tenslotte van al wat het ons ontnomen en bij ons vergaard heeft kapitaal vormt dat het in Engeland op de bank zet. Ik kan in een dergelijke houding geen zweem van vriendschappelijkheid ontdekken.' Naar dat land van vlijt, gewinzucht en koele ambitie liet Laclos u bij nacht en ontij de wijk nemen, mevrouw. Hij vond misschien dat u met uw eigenschappen daar thuishoorde, of hij was van mening dat u toch zozeer bepaald werd door kwaliteiten die als het tegendeel van de Hollandse aard mogen gelden, dat u in de dagelijkse omgang met dat volk uw verdiende loon aan ergernis en frustraties wel zou krijgen.

De ene vraag roept de andere op. Waarom richt ik mij tot u? Waarom tracht ik tegenover u – denkbeeldige, driewerf onbestaanbare ontvangster van dit epistel – op schrift te stellen wat ik heb menen te lezen tussen de regels door van de brieven die Laclos in zijn roman door u, aan u en over u heeft laten schrijven? Zou ik, als u werkelijk leefde, met u willen of kunnen corresponderen? Ik voel geen sympathie voor u, en eigenlijk ook geen medelijden. Maar wat betekent u dan voor mij, madame la marquise de Merteuil! U zou mij niet boeien, ik zou mij niet zo in u verdiept hebben, dat ik uw schim vermoed in een bescheiden bospark in mijn woonplaats, ik zou niet de behoefte hebben u *onder woorden* te brengen, wanneer u niet al als een innerlijk beeld in mij zelf bestond.

2 De markiezin de Merteuil

Aan wie kan ik schrijven, nu Valmont dood is en ik niet meer besta voor degenen uit wier midden ik vroeger correspondenten koos? Een brief aan Valmont: dat was voor mij een vorm van hardop denken. Tegenover niemand ben ik ooit zo mededeelzaam geweest. En dan nog... Zelfs tegenover hem, juist tegenover hem, kon ik mij geen ware vertrouwelijkheid veroorloven. Zo ergens, dan is in *die* verhouding het bewijs geleverd dat intimiteit niet wil zeggen dat men zich figuurlijk gesproken bloot moet geven. Hoe zou onze relatie zich ontwikkeld hebben, als ik niet steeds die laatste beschermende laag van reserve intact gehouden had? Nooit heeft Valmont geweten wat mij ten opzichte van hem werkelijk bezielde. In de jaren van ballingschap hier heeft die gedachte mij meer beziggehouden dan ik tegenover enig sterveling zou willen toegeven. Ik weet dat dergelijke overwegingen zinloos zijn. Valmont is dood, en ik ben die ik ben. Wat in haar – die andere, wier naam ik niet noemen wil – natuur was, en onweerstaanbaar (als ik de uitlatingen van Valmont op dit punt geloven moet, en ik kan helaas niet anders dan hem geloven), zou voor mij een *rol* geweest zijn, waarvoor ik noch de aanleg, noch de scholing meebreng. Spontaneïteit, liefheid, naïveteit, vroomheid, tederheid, opofferingsgezindheid behoren niet tot mijn uitrusting. Ik heb, wanneer het moest – dat wil zeggen, wanneer ik het nodig vond – soms de schijn kunnen wekken dat ik dergelijke eigenschappen bezat. Ten opzichte van Valmont heb ik die komedie nu juist altijd overbodig, want hem en mij onwaardig, geacht. Ik meende dat overeenkomst in temperament en gezindheid, en vooral een gelijk peil van intelligentie, ons onverbrekelijk aan elkaar verbonden. Maar als ik nu de brieven overlees die Valmont mij geschreven heeft in die laatste fase van onze omgang, meen ik tussen de regels iets te bespeuren van gevoelens en verlangens die ik bij hem nooit voor mogelijk had gehouden. Zijn herhaald aandringen op herstel van onze amoureuze betrekkingen heb ik destijds uitgelegd als blijk dat hij zich verveelde; als gebrek aan inventiviteit, veroorzaakt door mijns inziens te langgerekt verblijf in de provincie, op het kasteel van een erftante. Ik schreef hem toen om hem naar Parijs terug te roepen, want ik miste hem en onze – weliswaar sinds geruime tijd uitsluitend platonische, maar toch altijd door de toon en inhoud van onze gesprekken stimulerende – ontmoetingen. Hij antwoordde met frasen, die ik als een nieuwe liefdesverklaring had kunnen opvatten, indien ik maar de moed gehad had te erkennen dat ik niets liever wilde dan voortzetting van onze verhouding in haar vroegere vorm. Maar, geconditioneerd door een aangeboren neiging op mijn hoede te zijn, en door ervaring met wat men 'de wereld' noemt, dacht ik, behalve aan een tijdelijke inzinking van de vicomte, ook aan de mogelijkheid van een valstrik, door hem met malicieuze bedoelingen uitgebroed in uren van nietsdoen op het platteland. Tenslotte was *ik* destijds degene geweest die onze liaison had beëindigd; een handelwijze die ik mij tot stelregel had gemaakt en die ik steeds heb toegepast ten opzichte van al mijn minnaars (behalve één, maar daarover elders!), mocht bij Valmont, vooral bij hem, niet mislukken. Tot geen prijs wilde ik ooit het ogenblik beleven dat hij als eerste zou verklaren genoeg te hebben van mij en van ons (naar het me voorkwam, in zijn soort onovertrefbaar) erotisch avontuur. Valmont, zelf een meester in de kunst van het verlaten, was verrast door de snelle en radicale wijze waarop ik met hem brak. Menend hem door en door te kennen, hield ik dus rekening met een poging tot revanche. Daarom ging ik niet in op zijn in bedekte termen vervatte voorstel de oude banden weer aan te knopen. In plaats daarvan daagde ik hem uit tot een nieuwe, andere, verovering: het verleiden van de verloofde van juist die ene man die mij te vlug af was geweest, en op wie ik mij wilde wreken. Dit plan heeft de ontwikkeling op gang gebracht die Valmont het leven kostte en mij veroordeelt tot levend dood-zijn.

Aan wie schrijf ik dit? Ik ken geen mens ter wereld voor wie ik zou trachten zo nauwkeurig en oprecht mogelijk gedachten en gevoelens te formuleren betreffende de gevaarlijke verhouding waartoe Valmont en ik elkaar, op grond van één enkel misverstand, hebben opgezweept. Vrienden en vriendinnen in de gangbare zin van dat woord heb ik nooit gehad. In wezen was ik in de dagen van mijn grootste triomfen niet minder eenzaam dan nu. Brieven schreef ik gemakkelijk, zoals ik ook vlot een gesprek gaande hield, ja, leidde waarheen ik het hebben wilde. Op schrift en in conversatie hanteerde ik woorden als een gewillig instrument: de beoogde effecten hadden altijd te maken met mijn strategie-van-het-ogenblik. Ik schreef noch sprak om het genoegen van communicatie op zichzelf, ook niet tegenover Valmont. Zou er zich, wat dat betreft, een verandering in mij voltrokken hebben? Ik betrap mijzelf op een behoefte die ik nooit eerder heb gekend, *om met iemand van gedachten te wisselen.*

Dat verlangen komt te laat, want er is nu geen sterveling meer die ik tot mijn vertrouwde kan maken. Parijs, waar ik thuis was – of thuis dacht te zijn – heeft mij uitgestoten. Zelfs wanneer ik door de omvang van mijn schulden niet gedwongen was geweest de vlucht te nemen, zouden alle deuren voor mij gesloten blijven. Niet eens zozeer vanwege het feit dat ik in de salons waar ik vroeger gevierd werd nu met mijn geschonden gezicht afschuw zou wekken (ik ken die kringen te goed om niet te weten dat sensatiezucht en leedvermaak mij nog wel een tijdlang een 'entree' zouden verschaffen), maar vanwege het weergaloze schandaal dat ik veroorzaakt heb doordat ik – een vrouw! – mij veroorloofde wat de meeste mannen van ons milieu zich sinds mensenheugenis permitteren. Libertinage is een vrouw slechts toegestaan op voorwaarde dat niemand het te weten komt. De grootste misdaden mag een vrouw plegen, als zij maar discreet te werk gaat. Het enige dat men haar niet, nooit, vergeeft is openlijk getoonde neiging of ambitie. Alleen de man heeft recht op bestaan, op *zijn*, in de openbaarheid. Door de dood van Valmont en de ontdekking van brieven die ik hem geschreven had, is aan het licht gekomen dat ik mij macht over anderen, en genot door middel van, eventueel ten koste van, anderen placht te verschaffen. Wat in tirannen en losbollen getolereerd en niet zelden heimelijk bewonderd wordt, zelfs zozeer dat men in oorlog en liefde over 'veroveraars' spreekt, blijkt onduldbaar zodra het initiatief van een vrouw is uitgegaan. Over deze zaken, die ik altijd als vanzelfsprekend heb aanvaard en waarop ik ook steeds mijn gedrag heb afgestemd, heb ik veel nagedacht sinds ik hier woon.

In Holland ken ik niemand. Bewust heb ik mij op een afstand gehouden. Het heeft geen enkele zin de aandacht te vestigen op mijn hachelijke positie. De ambassadeur van Zijne Majesteit bij het Stadhouderlijke Hof in 's-Gravenhage zou zich wel eens verplicht kunnen voelen mij uit te leveren of mij op andere wijze het verblijf hier onmogelijk te maken. Ongetwijfeld is hij op de hoogte van mijn aanwezigheid en omstandigheden; maar ook in dit geval geeft discretie de doorslag. Door de aankoop van het huis dat ik 'Valmont' heb genoemd (hetgeen niemands verbazing wekt, aangezien dit de letterlijke vertaling is van de naam die de plaats al droeg), ben ik ingezetene. Indien ik geen aanstoot geef, zal het bijzonder moeilijk zijn mij van hier te verjagen. Maar zelfs wanneer ik volledig in staat zou zijn deel te nemen aan het openbare leven in deze stad, dan nog zou ik dat niet willen. Er is voor mij niets aantrekkelijks in een samenleving die op haar best een flauwe afspiegeling (en dan nog op kleine schaal) kan zijn van de beau monde die ik eens heb gekend.

Tijdens de enkele bezoeken aan de stad, die ik in het begin van mijn verblijf hier (gesluierd, in een koets) heb ondernomen, om met mijn diamanten en zilver als onderpand de financiering van mijn huis te regelen bij een van de vele gerenommeerde bankiers die dit land telt, heb ik op de promenade van het Lange Voorhout wel het voorname Haagse publiek zien wandelen of rijden, wanneer de weersgesteldheid dat tenminste toeliet. Het schouwspel deed mij in bepaalde opzichten denken aan Valence: provinciaal-deftig, waardig, saai. Sommige mensen doen, dat is duidelijk te merken, pogingen de stijl van Parijs – of wat zij daarvoor houden – na te bootsen; in kringen van stand spreekt men trouwens Frans, de landstaal is voor kleine burgers en domestieken. Dames plakken mouches op hun wangen, maar omdat zij te weinig rouge durven gebruiken gaat het effect verloren. Jonge mannen trachten zich met behulp van brokaten jassen en steken naar het nieuwste model het air te geven van petits maîtres, hetgeen hun met hun wat lompe gestalten en stijfjes bewegen slecht afgaat. Ik zie mijzelf niet op een theesalet, in een van die voorkamers (waarin iedere voorbijganger kan binnenkijken), tussen de porseleinkasten en chinoiserieën, die men hier graag verzamelt. Wat kan ik gemeen hebben met die meestal gezette dames in toiletten van twee modes terug, die – neem ik aan – praten over hun (vele) kinderen of over de zeldzame tulpen die zij in de tuinen van hun buitenhuizen gekweekt hebben; of met de degelijke Hollandse heren, te weinig man-van-de-wereld voor galant woordenspel zoals *ik* dat versta, wier hoofd en hart trouwens vervuld is van zakendoen in Oost-Indië (adel en koopmansgeest gaan hier zeer wel samen) en van politieke belangen die mij niet raken. Wat heb ik, waar ook ter wereld, te zoeken te midden van mensen met gave gezichten en een ongeschonden gevoel van zelfvoldaanheid? Met wie zou ik kunnen corresponderen?

Er zijn in dit land, zegt men, enkele geestige en ontwikkelde vrouwen die ook schrijven: romans en zelfs geleerde verhandelingen. Ik hoorde over een barones Van Zuylen en over een bourgeoise, Elizabeth Wolff. Dat men deze dames excentriek en vrijzinnig noemt, pleit voor hen. Maar is dat een reden om hen te benaderen? Esprit en intelligentie, die beiden naar het schijnt in ruime mate bezitten, beschouw ik als de eerste voorwaarde tot contact. Ik zou die eigenschappen gedomineerd willen zien door een mengsel van scepsis en vitaliteit, waar ik geen naam voor weet. De correspondente die ik mij zou wensen, moet, hoewel geheel vrouw (zoals ik), (alweer zoals ik) niet innerlijk gebonden zijn door het feit dat zij een vrouw is. Worden er dergelijke vrouwen geboren in deze eeuw, anders dan in het brein van creatieve idealisten, mannen die zelf geen vrede hebben met hun conditie?

Al wilde ik het, dan nog zou het mij te veel moeite kosten mij in verbinding te stellen met de barones Belle van Zuylen; die overigens geen barones is, bedenk ik nu, maar behoort tot de titelloze aristocraten van wie het in dit land wemelt. Zij draagt die naam niet eens meer, hoorde ik, want zij is met een Zwitser getrouwd en woont sinds jaren in Neuchâtel. Corresponderen met iemand die zo ver van mij verwijderd is, trekt mij niet aan. Niet dat ik ooit van plan geweest ben persoonlijk contact te zoeken. Maar het telt voor mij toch wel dat men leeft in ongeveer dezelfde sfeer, hetzelfde klimaat. Wat kan verder uiteenliggen dan het door de wind geteisterde laagland waar ik nu woon, en de met sneeuw bedekte bergtoppen die madame de Charrière (want zo heet zij tegenwoordig) vanuit haar vensters kan zien? Ik vind het bovendien onaangenaam langer dan een paar dagen op antwoord te moeten wachten.

Tegen de tijd dat er een reactie komt op wat ik schreef, is mijn eigen stemming weer veranderd, hetgeen de lust tot een weerwoord doet afnemen. Even heb ik gespeeld met de gedachte mij te richten tot de weduwe Wolff. Zij kent Frans, getuige haar recente vertaling van de werken van een van de coryfeeën van de Parijse literaire salons, madame de Genlis. De schrijfster Wolff is een savante, maar met een reputatie van frivoliteit; dat heeft mij nieuwsgierig gemaakt. Ik heb informatie over haar ingewonnen bij de boekhandelaar die mij van lectuur voorziet. Regelmatig komt hij bij mij op Huis Valmont om mij boeken te brengen die ik besteld heb en mij nieuwe uitgaven te laten zien. Mijn 'ongeluk' boezemt hem dusdanige deernis in, dat geen moeite hem te veel is. Per rijtuig vervoert hij zijn halve winkelvoorraad om mij te plezieren. Ik ben waarschijnlijk een van zijn beste klanten. Ik betaal hem ook prompt. Wij kunnen elkaar niet missen. Die man is een bron van nieuws. Over madame Wolff, die hier in het land een beroemdheid is, wist hij mij veel te vertellen. Het schijnt dat zij als jong meisje van huis is weggelopen met een luitenant of vaandrig, en zich enkele dagen met hem heeft schuilgehouden. Groot schandaal in haar woonplaats! Mij dunkt dat die bourgeoise zich gelukkig mag prijzen dat haar niets ergers overkomen is dan kerkelijke kapitteling en huisarrest; in mijn milieu, in Parijs, heeft een meisje in een dergelijk geval – dat wil zeggen, als haar escapade bekend wordt –slechts de keuze tussen het klooster of zelfmoord. Madame Wolff is niet met haar amant getrouwd, maar met een predikant, die haar vader (en als de geruchten waarheid bevatten zelfs haar grootvader) had kunnen zijn. Dat een aanzienlijk leeftijdsverschil geenszins een beletsel hoeft te vormen voor wat men de vreugden van het echtelijk bed noemt, weet ik uit ervaring. Maar ik vrees dat madame Wolff met haar bejaarde protestant dergelijke genoegens niet, of maar in zeer beperkte mate heeft gesmaakt. Zij heeft binnen een luttel aantal jaren een omvangrijk oeuvre van gedichten en filosofische verhandelingen bij elkaar geschreven. Mijn boekhandelaar prijst haar hemelhoog, niet in de laatste plaats om haar vooruitstrevende, democratische denkbeelden. Zij behoort tot een kring van republikeinsgezinden die zich hier Patriotten noemen, en die contact schijnen te onderhouden met geestverwanten in Frankrijk. Mijn zegsman, die zelf deze stroming is toegedaan, zou niet zo openhartig zijn indien hij kon vermoeden uit welk milieu ik afkomstig ben. Daar hij mij kent als een uitgeweken Française met een naam waaraan het adellijke 'de' ontbreekt, houdt hij mij voor een tegenstandster van de monarchie en de Bourbons, en voor een goede verstaander van zijn politieke discoursen. Er zijn hier vanouds veel vrijdenkers onder de boekdrukkers en -verkopers. De vele (ook in dit land met zijn reputatie van geestelijke vrijheid) verboden boeken – vooral erotica! een typisch burgerlijk vooroordeel! – worden desalniettemin in het geheim gedrukt en, zoals dat heet, onder de toonbank verkocht. Hij, mijn leverancier, belichaamt een mengsel van idealisme, zakelijkheid en kritisch inzicht dat mij amuseert. Uit zijn verhalen krijg ik de indruk dat de weduwe Wolff, die hij in zijn patriottische vriendenkring regelmatig ontmoet, een voor Hollandse begrippen waarlijk pittig vrouwtje is. Ik denk er echter niet over een briefwisseling met haar te entameren, ook al beweert mijn boekhandelaar dat zij van meet af aan hooglijk geboeid was door wat hij haar over mij verteld heeft. Wat kunnen wij gemeen hebben? Bovendien hoor ik dat zij geheel opgaat in een van die boezemvriendschappen die tegenwoordig zo in de mode zijn. Sinds zij weduwe geworden is, woont en werkt zij samen met een juffrouw Deken, een halve begijn, als ik goed ben ingelicht; de een onderneemt niets zonder de ander. (Zij hebben zelfs met haar beiden een roman geschreven, volgens mijn zegsman een uit opvoedkundig oogpunt gedurfd werk.) Enfin, wie met Wolff in aanraking wil komen, moet Deken op de koop toe nemen. Maar sentimentele vrouwenrelaties zijn niets voor mij. Dat koningin Marie Antoinette dergelijke, naar mijn mening echt *Duitse* dweperij aan het hof van Versailles heeft kunnen invoeren, wijst eens te meer op de tanende vitaliteit van onze aristocratie.

Ik wil de dames Wolff en Deken vanuit de verte blijven gadeslaan, want zij interesseren mij wél, al was het alleen omdat zij erin geslaagd zijn door haar pennenvruchten een staat van onafhankelijkheid te bereiken, en meer dan dat. Zij bewonen een riant landhuis, men noemt hen welgesteld, zelfs zo bemiddeld dat zij een deskundige aangetrokken hebben om hun zaken voor hen te regelen. Mijn boekhandelaar weet dat nauwkeurig, omdat de heer in kwestie, een jurist, ook lid is van het patriottische gezelschap. De schrijfsters mogen dan – in tegenstelling tot mij – geheel bevrijd zijn van geldzorgen, in mijn ogen zijn zij toch in wezenlijker zaken aanzienlijk minder vrij dan ik, omdat zij zich gebonden achten door zedelijke beginselen en maatschappelijke verplichtingen, die ik niet erken. Hoe langer ik erover denk, hoe meer ik ervan overtuigd raak dat ik, indien ik dit werkelijk wilde, door middel van brieven een connectie met de beide dames zou kunnen opbouwen die voor hen en hun werk in bepaald opzicht (inblazingen door een 'wereldser' geest!) heilzaam, en voor mij in meer materiële zin niet onvoordelig zou zijn. Ik deins echter telkens terug voor de gevolgen van een dergelijk initiatief mijnerzijds; het betekent immers dat ik mij zal moeten verdiepen in het geestelijke klimaat van dit merkwaardige land, waar alles op kleinere schaal gemaakt en van wezenlijk andere samenstelling schijnt te zijn dan in de wereld waar ik vandaan kom. In de beslotenheid van Huis Valmont kan ik mij tenminste houden aan eigen maatstaven, eigen smaak. Ik heb altijd goed de kunst verstaan als een kameleon de kleur van de omgeving aan te nemen (wanneer dat nodig was), maar dan toch wel in een verwante sfeer en op een vergelijkbaar peil. De mensen die hier wonen (en dan bedoel ik niet de aanzienlijke vreemdelingen of de voornamen en rijken, maar de doorsnee burgers, waartoe ook mesdames Wolff en Deken behoren) ken ik te weinig om – vooralsnog – een systeem van benadering te ontwerpen dat mij te zijner tijd in staat zou stellen de vruchten van die omgang te plukken.

De hoogst enkele keer dat ik mij wat laat rondrijden, bespied ik vanuit de schaduw binnen mijn koets deze samenleving. Voltaire heeft eens beweerd dat hij 's-Gravenhage (waar ook *hij* een tijdlang gewoond heeft) een paradijs vond in de ogenblikken dat de zon er wilde schijnen. Ik ben het niet met hem eens. Het licht op een onbewolkte dag is hier op een andere manier helder dan elders; het is een bij uitstek koele klaarte, die afstand schept en tot waarnemen schijnt te noden, en niet, nooit, zelfs niet op zomerdagen, de gloed van azuur die de zinnen prikkelt. Het is, dunkt mij, een niet ongevaarlijke helderheid; men zou in de verleiding kunnen komen meer te zien dan er in werkelijkheid is. In een zwak ogenblik (het voortdurende alleenzijn verleidt soms tot dwaas spel) heb ik getracht mij een correspondente voor te stellen uit een tijdperk dat nog moet aanbreken. Ik kan een vrouw verzinnen die naar uiterlijk en omstandigheden in alles mijn tegendeel is, maar die op mij lijkt waar het de kwaliteit van haar verstand betreft. Ik zou zó lang kunnen turen naar het lage geboomte rondom mijn tuin, tot ik in die warreling van bladeren en twijgen, in de bewegende licht- en schaduwplekken en in de steeds van vorm veranderende openingen tussen het loof een gestalte ontwaar, in sluike, voetvrije kleren, met loshangend, kort haar; een vrouw die hard loopt wanneer zij dat wil, en die ongehinderd alleen alle paden kan volgen; een vrouw die in een andere realiteit bestaat, en voor wie ik, zoals ik hier zit, even vreemd ben als een archeologische vondst. Gesteld dat door een onverklaarbare luchtspiegeling zo iemand als het ware uit het Niets zou opdoemen – waarover zouden wij, al spraken wij dezelfde taal, van gedachten kunnen wisselen? Indien ik haar van mijn vroegere leven zou vertellen en zij mij op haar beurt deelgenoot zou maken van verhoudingen die haar bestaan bepalen, zou het zijn alsof wij een geheim teken in de lucht schreven, een onzichtbare mathematische figuur, het pentagram van dat meest wezenlijke probleem van onze sekse: de relatie tot de man. Ik vrees dat wij elkaar niets nieuws te leren hadden, dat zij mij en ik haar niet zou kunnen helpen, omdat de toestand waarin wij verkeren, buiten het opkomen en ondergaan van beschavingen, modes en maatschappijen om, zo oud is als de wereld en onveranderlijk. Zij met wie ik zou willen corresponderen, moet zich de conditie der vrouwen helder bewust zijn, zonder daarbij in te boeten aan geestelijke onafhankelijkheid. Voor haar – indien zij bestond – zou ik op schrift willen stellen wat ervaring mij heeft geleerd.

Welnu dan, onzichtbare, onbekende en – vrees ik

– afwezige vertrouwelinge. Wat de man in de vrouw zoekt, kan één enkel vrouwelijk wezen hem onmogelijk geven, zo is de natuur nu eenmaal. De man, geschapen om polygaam te zijn, brengt zelf in iedere verhouding die hij aangaat de doodskiem van die verhouding binnen. Dit is een feit waaraan niet te tornen valt; men kan noch door vurig het tegendeel te hopen óf te willen, noch door wat dan ook te doen of te laten, iets aan die stand van zaken veranderen. Wat ik meegemaakt en om mij heen gezien en gehoord heb, doet mij steeds meer overhellen naar het inzicht dat het biologische verschil tussen man en vrouw, dat wat men 'sekse' noemt, bepalend is voor ons gedrag, voelen en denken. Geluk in de zin van: voldoen aan de eigen bestemming, en dus 'voldoening' vinden in het gegeven bestaan, is misschien mogelijk in een volmaakt natuurlijke staat-van-zijn, waar cultuur neerkomt op een vertaling in zeden en gewoonten van dat biologische verschil, en waar het menselijke leven niet langer duurt dan de tijd die iemand nodig heeft om alle fasen daarvan te doorlopen. Ontdekkingsreizigers verzekeren dat zij bij verre volksstammen in Afrika en Zuid-Amerika, en op eilanden in de Oceaan die men de 'Vredebrengende' noemt, dergelijke toestanden hebben aangetroffen. Wie meent dat wij kunnen terugkeren naar een conditie die zich nog maar nauwelijks boven de onbewustheid van de dieren verheft, is volgens mij een dwaas. Bewust geluk bestaat niet in onze beschaafde samenleving, of het moest zijn in een door

pure wilskracht en concentratievermogen teweegge-
brachte staat van onthechting, zoals kluizenaars en
kloosterlingen – naar men beweert – soms bereiken.
Het milieu waartoe ik behoor, heeft zich zo goed en
zo kwaad als dat kan aangepast aan de natuurlijke
orde der dingen, die ik hierboven omschreef. Wij beschikken doorgaans over de (stoffelijke) middelen om
onbehagen en ontevredenheid tot op zekere hoogte
draaglijk te maken en de helaas maar al te vluchtige
ogenblikken van amusement en genot in een schone
of aangename vorm te gieten. Lagere standen kunnen
terugvallen op de christelijke deugden van naasten-
liefde en berusting, voorzover zij het tenminste niet te
druk hebben met de besognes van het alledaagse leven
om zich van het gemis aan geluk bewust te zijn.

Het biologische verschil waarover ik het had, komt
neer op het volgende: de man heeft, geslachtelijk gesproken, kans op 'geluk' zolang hij als *man* wordt beschouwd, dat wil zeggen als een mens met werkelijke
of potentiële maatschappelijke macht, en dat kan in
onze cultuur wel zeventig jaar of langer duren. Voor
de vrouw valt macht-hebben samen met aantrekkelijk
of vruchtbaar zijn; dat betekent dat zij hoogstens gedurende vijftien of twintig jaar (en dat is ruim geschat)
beschouwd wordt als begeerlijk, moeite en aandacht
waard. 'Geluk' is voor een vrouw alleen binnen die periode van geslachtelijke volwaardigheid mogelijk.

Zolang een man zich man voelt, meedoet in de
wedijver van de samenleving, of dat nu het Hof is, of

Financiën, Handel, Wetenschap, zal hij begeerlijke (en dat wil vooral zeggen: ook door andere mannen begeerde) vrouwen blijven beschouwen als de belichaming van succes, van al wat hij nog wil of hoopt te bereiken. Een vrouw die niet meer jong is, moet wel over zeer bijzondere eigenschappen beschikken, wil een man-van-de-wereld vinden dat haar gezelschap zijn prestige verhoogt. En zelfs dan is zijn bereidwilligheid zich met haar te afficheren in negenennegentig van de honderd gevallen louter uiterlijk. Een man wil wel *gezien* worden met een vrouw van middelbare leeftijd die bekendstaat als invloedrijke gastvrouw, als de ziel van een literaire salon, of als een toonbeeld van liefdadigheid en zedelijke kracht, maar de kans is gering dat hij haar in ernst het hof zal maken, ook al is hij in jaren niet jonger dan zij. (Vanzelfsprekend doel ik op zogenaamde liefdesrelaties, en niet op verbintenissen die gesloten worden als zuiver zakelijke transacties.)

Vanuit het standpunt der mannen bekeken zou de ideale oplossing zijn, dat vrouwen van hun eigen leeftijd – met wie zij in hun jeugd amoureuze relaties hebben onderhouden – zich als omstreeks veertigjarigen zouden terugtrekken in een soort van wereldse begijnhoven, om daar dan – indien gewenst – in de kwaliteit van raadgeefsters, moederlijke en zusterlijke vriendinnen, beschikbaar te blijven. Menig man zou, als hij 'zijn tijd gehad heeft', onder hen nog wel een toegewijde gezellin kunnen vinden. Maar erkennen mannen ooit dat zij hun tijd gehad hebben? Misschien ligt het juist in het wezen van de man dat hij dit niet doet: hij hééft de tijd, de Tijd is van hém. En waarom zouden vrouwen zich schikken in een tweede wachtperiode, zo mogelijk nog uitzichtlozer dan de dagen van hun meisjesopvoeding? Van vrouwen die haar 'macht' niet uit handen willen geven, zich verzetten tegen de degradatie tot niet-meer-begeerde aanwezige, wordt algauw gezegd dat zij *jaloers* zijn. De instelling van de man ten opzichte van een vrouw die hij als de zijne beschouwt, maar die zich aan hem onttrekt of schijnt te onttrekken, noemt men geen jaloezie. Men acht het de gewoonste zaak van de wereld dat een man alle macht waarover hij kan beschikken, en zo nodig ook geweld, gebruikt om te voorkomen dat hij in een positie wordt gebracht waarin hij jaloers zou moeten worden. Een man die reden heeft tot jaloezie is een hoorndrager; de wereld vindt dat eigenlijk belachelijk: hij had beter moeten opletten! Alleen door de wapens op te nemen tegen de rivaal, de belediger, alleen door de een of andere vorm van wraakoefening op de vrouw, kan een man dit verlies van eer – want als zodanig ondergaat hij het belachelijk zijn – ongedaan maken. Jaloezie geldt als een typisch vrouwelijke gemoedsgesteldheid; het is haar wijze van reageren op gedragingen van de man die nu eenmaal met zijn aard, door de Natuur, gegeven zijn. Een jaloerse vrouw heeft in de ogen der mensen altijd ongelijk; zij is alleen maar hinderlijk; als zij de achting van haar omgeving wil behouden, dient zij zich *waardig* op te stellen, dat wil zeggen, zij moet niets doen, niets zeggen, niets laten merken, integendeel zelfs de meest opvallende veranderingen in haar relatie met de man in kwestie aanvaarden alsof het de gewoonste zaak van de wereld gold. Nooit beseft een vrouw zozeer haar uiteindelijke machteloosheid als in een dergelijke situatie. Wie eronder lijdt is, ongeacht het aantal van haar lotgenoten, volstrekt eenzaam.

Om niet terecht te komen in de valkuil van de jaloezie, die vroeg of laat iedere vrouw wacht, heb ik mij al in mijn jeugd voorgenomen *niet* te beminnen, óf 'liefde te bedrijven' volgens de stelregel der roués. Tijdens mijn liaison met Valmont besefte ik dat ik niet geheel onkwetsbaar was. Dat is de reden waarom ik op het hoogtepunt van onze omgang met hem brak. Ik heb geen spijt. Ik zou alleen willen weten – maar geen mens kan het mij vertellen – of Valmont mij haatte in het ogenblik van zijn sterven. Misschien zou ik die zekerheid (desnoods af te leiden uit één enkel woord) draaglijker vinden dan de gedachte dat ik niet meer voor hem bestond, dat een ander beeld, het *hare*, hem vervulde.

De enige spiegel die dit huis telt, heb ik zo laten plaatsen dat die slechts het beeld van mijn lichaam, van de schouders omlaag, weerkaatst. Mijn gezicht wil ik nooit meer zien. De ziekte heeft ervoor gezorgd dat ik 'mijn tijd gehad heb', lang voordat de Natuur, en van de weeromstuit het sterke geslacht, mij tot afstand doen gedwongen zou hebben. Beschouw ik mijn gestalte, dan heb ik nog geen enkele reden mij in mijn zelfvertrouwen geschokt te voelen. Ik ben mij ervan bewust dat ik een eigenaardige uitzonderingspositie inneem. De ranke, elegante, maar onthoofde verschijning die ik voor mij zie, uitgerust met alle bekoorlijkheden die de vrouw macht verschaffen, telt niet meer mee. Al wat ik ben, al wat ik kan, ontstaat binnen dit afzichtelijke hoofd, dat ik uit mijn blikveld gebannen heb.

Vrouwen zouden zich een stoïcijns, hard, superieur inzicht eigen moeten maken. Misschien is waarlijk volwassen-worden alleen voor de vrouw weggelegd, omdat zij langer te leven heeft tussen het moment waarop zij 'haar tijd gehad heeft' en haar dood. Zal het ooit mogelijk zijn maatschappelijke en persoonlijke omstandigheden te scheppen, die een vrouw bevrediging, voldoening kunnen schenken *ondanks de man*, dat wil zeggen, naast of buiten het geluk dat, wie weet, voor haar is weggelegd in haar biologische bestaan?

3 *Aan de markiezin de Merteuil*

Uw relatie tot Valmont, mevrouw, is de belangrijkste en gevaarlijkste, en tevens de meest verzwegen 'liaison' in Laclos' roman. Op de een of andere soiree, of in de Opera, wees iemand uit uw kennissenkring u de beruchte hartenbreker aan over wie u al zoveel gehoord had en aan wie u – naar aanleiding van het gehoorde – al zo dikwijls had gedacht. Uw zegsman of zegsvrouw beklaagde vol onverholen leedvermaak de vicomte, omdat de dame die hij in de afgelopen weken met zijn attenties vereerd had plotseling haar gunsten aan een ander had geschonken. En die ander bleek toevallig de graaf de Gercourt te zijn, de man die u kort tevoren het (voor u onvergeeflijke) affront had aangedaan, de verhouding die er tussen u en hem bestond als eerste te beëindigen. Iets dergelijks was u nog nooit overkomen (het zou ook nooit meer gebeuren). U was razend: op de Gercourt, omdat hij, nota bene zonder de omvang van zijn faux pas te beseffen, u getroefd had op het punt waar u dat het minst kon verdragen; maar vooral op uzelf, omdat u zich zo zeker gevoeld had van deze verovering (voor u in alle opzichten een doorsnee affaire), dat uw waakzaamheid had kunnen verslappen. Door er de oorzaak van te worden dat u zich voor uzelf moest schamen, had de Gercourt – alweer zonder dit te beseffen – u tot zijn meest onverzoenlijke vijand gemaakt. Dat was de situatie waarin u verkeerde, toen men u in de Opera, of waar dan ook, toefluisterde: 'Daar gaat nu de vicomte de Valmont!' U bekeek hem, de andere gedupeerde van deze dubbele 'breuk', eens goed. Eerlijk gezegd begreep u de voorkeur van de Gercourts nieuwe geliefde niet. Het enige dat de Gercourt op Valmont voor kon hebben, was zijn reputatie van bekwaam beheerder van zijn grond en familiezaken en zijn, bij alle galanterie, onberispelijk correcte gedrag. De Gercourt behoorde tot degenen die ook zeer gezien waren in de 'preutse' kringen. U had in hem soms een zweem van geringschatting menen te bespeuren voor de liefde als zodanig; als man van de wereld deed hij mee met de heersende mode van amoureuze betrekkingen, maar hij nam de vrouwen niet au sérieux en beschouwde de in haar gezelschap doorgebrachte tijd vooral als een – nu eenmaal onvermijdelijke – vorm van sociaal verkeer. Juist omdat u dit wist en bovendien op de hoogte was van de eisen die hij van plan was te stellen aan een toekomstige echtgenote en moeder van zijn erfgenamen ('naar lichaam en geest maagdelijk, hem in alles gehoorzaam, pril en ongecompliceerd'), kon u later dat 'project' ontwikkelen om zijn vijftienjarige, onwetende bruid te vormen tot al wat hij in een maîtresse verwachtte maar voor een gravin de Gercourt volstrekt onaanvaardbaar vond.

Valmont bezat in hoge mate wat de Gercourt miste: iets ongebondens, duisters, als van een struikrover (reminiscenties aan de bandiet Louis Mandrin?!), dat gewoonlijk verborgen bleef onder de oppervlakte van zijn bijzonder verzorgde uiterlijk en zijn gepolijste manieren, maar zich soms, onverwachts, kon openbaren in een blik, een trek om de mond, een gebaar: dissonanten in het totaalbeeld van zijn optreden, die velen verwarrend, onthutsend vonden. Ook u viel dit verschijnsel op, terwijl u hem vanuit de verte gadesloeg (op dat feest, of in dat theater). Men had u verteld dat vrouwen zich in Valmonts aanwezigheid vaak onbehaaglijk voelden, vol heimelijke angst en opwinding, als reeën die al onrustig worden lang voor het gevaar werkelijk opdoemt. U daarentegen werd van meet af aan geboeid en uitgedaagd door dat element in hem dat hem van alle andere mannen in zijn omgeving onderscheidde. Het kostte u geen moeite een persoonlijke ontmoeting te arrangeren, zo, dat het leek alsof die geheel toevallig plaatsvond en u er maar zeer zijdelings bij betrokken was. Valmont had zonder de minste twijfel ook veel over u horen praten; het feit dat hij nooit geprobeerd had met u in aanraking te komen, mocht wel gelden als het zekerste bewijs dat uw deugdzaamheid onwrikbaar werd geacht. De eerste blikken al die u met elkaar wisselde waren beslissend. Hij zag in uw ogen dat u onbevreesd en willig het 'donkere' in hem tegemoet trad, u las in zijn blik verrassing en herkenning en het geprikkelde agonale instinct. Hoe graag zou ik van uzelf gegevens ontvangen over de manier waarop de verhouding tussen u beiden tot stand gekomen is. Maar ik weet dat u zich daarover nooit zult uitlaten. Ik kan er alleen maar naar raden. Ik denk dat u noch Valmont tijd verdaan hebben met hofmakerij; zelfs niet met de rudimentaire vorm ervan die in de frivole kringen gebruikelijk was als voorspel tot het eerste rendez-vous. U kon hem – vanwege uw reputatie! – niet toestaan u te bezoeken op de vroege ochtend-ontvangsten voor intimi bij uw kaptafel, of te paard naast uw koets te rijden wanneer u zich vertoonde op de Cours de la Reine. U stelde (voor Valmont ongebruikelijke) strenge eisen van discretie, maar u beloonde hem dan ook op een wijze die zijn verwachtingen verre overtrof. U bezat in een van de buitenwijken van Parijs een appartement of klein huis. Slechts vergezeld van uw onmisbare kamenier-zoogzuster Victoire ontving u daar uw minnaars. Ik stel me dat 'petite maison', zoals u het zelf noemt, voor: tussen bosschages verborgen, achter een meer dan manshoge tuinmuur, een voorvertrek, een slaapkamer en een kabinet, en een souterrain waar Victoire waakt en op orders wacht. In de tiende brief van *Les liaisons dangereuses* beschrijft u (aan Valmont, die dan juist begonnen is een andere vrouw, háár, te veroveren) hoe u uw gunsteling van het ogenblik onthaald hebt in die ruimten, die Valmont waarschijnlijk vaker bezocht had dan wie anders ook. De manier waarop u hem voor ogen tovert (en, vermoed ik, met al zijn zinnen nog eens doet ondergaan) hoe u zich voorbereidde op de liefdesnacht, is een les in verleidingskunst. U hulde zich in een door u zelf ontworpen déshabillé, dat, zoals u zegt, 'niets laat zien, maar toch alles te raden geeft'. U las eerst een hoofdstuk uit een galante roman, vervolgens een minnebrief van Héloïse aan Abélard, en tenslotte twee fabels van La Fontaine, 'om mij in te leven in de verschillende stemmingen die ik wilde oproepen'. Toen uw amant (die u eerder op die dag bitter had laten lijden onder onverdiende grilligheid en een afwijzende houding) door Victoire bij u werd gebracht, doorliep hij alle stadia van verrassing en verrukking. 'Om hem gelegenheid te geven op zijn verhaal te komen, wandel ik even met hem tussen het groen; dan neem ik hem mee naar binnen. Het eerste dat hij ziet is een voor twee personen gedekte tafel, en dan: een bed! Wij gaan naar mijn boudoir, dat van al het nodige voorzien, en aangenaam verwarmd en verlicht is. Daar sla ik, met een mengeling van emotie en ernst, mijn armen om hem heen en laat mij aan zijn voeten zinken: O, mon ami, zeg ik, ik verwijt mijzelf dat ik je gegriefd heb met mijn zogenaamde slechte humeur; ik deed alleen maar alsof, om de verrassing van dit ogenblik des te groter te maken! Het spijt mij dat ik mij even zo heel anders heb voorgedaan dan ik mij in werkelijkheid tegenover je voel. Vergeef me wat ik misdaan heb; ik zal door liefkozingen boete doen.

Je begrijpt welk effect dit gevoelige toespraakje had. Hij tilde mij op en bezegelde metterdaad onze verzoening op diezelfde divan waar jij en ik destijds zo opgewekt het definitieve einde van onze verhouding hebben bezegeld. Aangezien wij zes uur in elkaars gezelschap voor de boeg hadden en ik mij had voorgenomen ieder moment daarvan even heerlijk voor hem te maken, temperde ik zijn liefdesbetuigingen wat; speelse conversatie kwam – voorlopig – in de plaats van tedere omarmingen. Ik geloof niet dat ik ooit zo mijn best gedaan heb om een man te behagen; ik ben in dat opzicht dan ook nog nooit zo tevreden over mijzelf geweest. Na het souper gedroeg ik mij afwisselend spontaan en verstandig, uitgelaten en teder, soms ook sensueel-vrijmoedig; ik deed alsof hij een sultan in zijn harem, en ik beurtelings al zijn favorieten was. En inderdaad, ik kon genieten van zijn herhaalde blijken van hartstocht, die ik in de gedaante van telkens weer een andere minnares had weten op te wekken.'

Dat rendez-vous, mevrouw, was een kwestie van spel, van techniek, van louter wellust. Uw verslag en Valmonts reactie op dat verslag doen de lezer beseffen van welke erotische kwaliteit de uren geweest moeten zijn die hij en u samen in uw 'petite maison' hadden doorgebracht. Valmont schrijft terug (het vijftiende epistel in *Les liaisons dangereuses*): 'Toen ik je brief las en alle bijzonderheden ervoer van dat aangename etmaal, kwam ik minstens twintig keer in de verleiding onder het voorwendsel van zaken-in-Parijs naar je toe te vliegen, me aan je voeten te werpen en je te vragen met mij jouw cavalier ontrouw te zijn, die toch eigenlijk het geluk jou te bezitten niet waard is! Weet je dat je mij jaloers hebt gemaakt? Wat praat je toch over "het definitieve einde van onze verhouding". Ah! Ik herroep die eed, die ik in een vlaag van waanzin gezworen heb: zoiets hebben we alleen maar kunnen doen omdat we niet verplicht zijn ons eraan te houden! Laat mij hopen dat ik opnieuw die ogenblikken mag beleven waarin wij gelukkig waren zonder valse illusies te koesteren; onze liefde was niet "blind", allesbehalve, wij hebben Eros zijn blinddoek juist afgerukt en hem gedwongen met zijn toorts geneugten bij te lichten die hij ons benijd moet hebben...'

Het is goed te bedenken, mevrouw, dat deze woorden Valmont uit de pen gevloeid zijn, terwijl hij, naar eigen zeggen, bezig was tot over zijn oren verliefd te worden op iemand anders.

Ik zie u nu voor mij, volstrekt alleen in uw slaapkamer in Huis Valmont. U hebt de knecht het haardvuur laten oprakelen en uw kamenier (Keetje of Mietje, een net, oppassend meisje uit het nabije Loosduinen) gevraagd de gordijnen voor de ramen wat dicht te schuiven, omdat het al schemert in het park en in het eikenhakhout rondom. U hebt uw haar (het is niet meer zo lang en dik als vroeger en er lopen grijze strengen door) verborgen onder een batisten muts, u draagt een wijde, losse peignoir over uw hemd en onderrok; uw enige concessie aan de ijdelheid zijn uw hooggehakte rode muilen en het fluwelen bandje dat om uw hals is gestrikt. De draperieën die u 's nachts tegen tochtstromen moeten beschermen zijn nog opgebonden, uw bed ligt klaar, een donkere, warme grot vol kussens. U wilt, u kunt nog niet aan weer een eenzame nacht beginnen. Wat moet u doen op een avond als deze? Uw armen kruiselings over elkaar slaan, uw nagels in uw schouders drukken tot het pijn doet. Heen en weer lopen, tussen de nu afgeschermde ramen en het bed. Misschien beklemt de beslotenheid binnen al dat damast en gebloemde sits u zo, dat u eigenhandig de gordijnen weer vaneen schuift: het is helemaal donker geworden, de toppen van de bomen tekenen zich als dunne lijnen af tegen de hemel, waarin de maansikkel van tijd tot tijd achter voorbijdrijvende wolkenslierten zichtbaar wordt. U kunt natuurlijk ook gaan zitten, aan de secretaire, waarop in twee vierarmige kandelaars lange waskaarsen branden. Indien u wilde, zou u de beelden onder woorden kunnen brengen die u op ogenblikken als deze niet met rust laten: Valmont, in de intimiteit van het samenzijn, duizend en een nu onverdraaglijk geworden herinneringen. Maar, als gezegd, mevrouw, ik begrijp en respecteer uw terughoudendheid, die niet berust op preutse angst om de dingen bij hun naam te noemen, maar op uw overtuiging (die ik deel), dat het wezenlijke van het eigen, meest intense zinnelijke genot door anderen alleen meegevoeld kan worden op grond van ieders hoogstpersoonlijke, op individuele ervaringen berustende associaties, en niet, nooit door een uitvoerige *beschrijving* ervan. De voorstellingen die in u opwellen, daar in uw slaapvertrek, zouden u niet zoveel pijn doen wanneer u niet wist (zoals u dat geformuleerd hebt in de honderdeenendertigste brief van Laclos' roman) dat 'het genot, hoezeer ook de enige drijfveer tot een samenkomen van de seksen, toch niet voldoende is om een duurzame verhouding te doen ontstaan. Genot wordt voorafgegaan door de begeerte, die man en vrouw naar elkaar drijft, maar gevolgd door afkeer, die hen weer uiteenjaagt. Dat is een natuurwet, die alleen door liefde veranderd kan worden'. Even verder schrijft u dan: 'In de tijd toen wij van elkaar hielden – ik geloof dat er wel degelijk sprake was van liefde – was ik gelukkig; en u, vicomte?' Valmont heeft u op die vraag nooit rechtstreeks antwoord gegeven; maar iets in uw toon, iets dat ondanks uzelf tussen de regels waarneembaar werd, moet hem getroffen hebben. Op zijn beurt schreef hij aan u: 'Hou toch op te strijden tegen de gedachte, of liever gezegd tegen het gevoel, dat jou weer naar mij terugvoert.' Het woord 'gevoel' is veelzeggend; het is een woord dat men in de voorafgaande correspondentie tussen Valmont en u zelden in een andere dan ironische betekenis tegenkomt. Ik krijg de indruk dat hij, indien hij bij u ook maar een fractie bespeurd had van de gevoeligheid die hem in de andere, in háár, plotseling zo bleek te bekoren, in die beslissende fase van zijn leven geen enkele verhouding boven die tot u verkozen zou hebben. U weet dat ook, mevrouw, en dat lijkt mij de reden van uw wroeging. Want wat hebt u gedaan? Geïrriteerd door Valmonts merkbare behoefte zowel u als háár te bezitten (alsof u ooit met een aanvullende rol genoegen had kunnen nemen!), hebt u hem duidelijk gemaakt dat u zijn 'dwaze verlangens' niet deelde, hem verweten dat hij zijn – en uw – principes van het hebben, breken en dan eventueel *weer* hebben en *weer* breken, dreigde te verraden, en dat u hem onmogelijk au sérieux kon nemen voor hij die stelregel ook op zijn nieuwste verovering had toegepast. Ondubbelzinnig gaf u te kennen dat u volstrekt geen amoureuze belangstelling kon opbrengen voor een man die de minnaar van die andere wilde zijn. Door u zo op te stellen, deed u een beroep op de Valmont-van-*u*, de Valmont met zijn (zoals ik dat eens omschreven zag) 'infernale trots, voor niets terugdeinzende eigenliefde, ijdelheid, innerlijke hardheid, geraffineerde begeerten en nog verfijnder wreedheid'. U wekte de duistere Valmont, die onder de invloed van zijn verliefdheid op juist die ene andere vrouw naar de achtergrond was geweken, tot nieuw leven. Nog voelde hij zich zo weinig thuis in de rol van gevoelsmens, dat hij de in uw uitdaging besloten gevaren niet onderkende. U was voor hem op dat ogenblik de arbiter van een wereld waarin hij tot geen prijs aan prestige wilde inboeten. O zeker, mevrouw, u heroverde Valmont, in *die* zin dat hij deed wat u wilde en háár, de andere, vernederde en verliet volgens de voorschriften van die wrede spelregels; maar uw triomf duurde kort.

Op geen enkele wijze, zelfs niet meer als bondgenoten in intriges, zouden Valmont en u daarna ooit nog een paar vormen. Er kon tussen u beiden geen sprake zijn van iets anders dan van binnenstebuiten gekeerde liefde, een middelpuntvliedende, verwoestende kracht. U zag elkaar niet meer terug.

4 De markiezin de Merteuil

Ziedaar dan de toestand waarin ik nu verkeer: om de verveling te verdrijven, de tijd te doden, zoek ik mijn toevlucht tot lectuur. Dit betekent grote inspanning voor het ene oog dat mij overgebleven is. Ik gebruik soms een vergrootglas. Mij laten voorlezen wil ik niet, nog niet. Ik houd er niet van dat de stem, de intonatie van een ander voor mij het beeld van een tekst bepalen.

Vroeger las ik in de eerste plaats om te leren; van jongs af heb ik me kunnen beroemen op een uitstekend geheugen en de gave onmiddellijk het wezenlijke in een passage of argumentatie te herkennen. Later, toen ik door andere, aanzienlijk minder abstracte zaken in beslag genomen werd, las ik bijvoorbeeld om mijzelf een houding te geven (er zijn situaties die eenvoudig vragen om een boek-in-de-hand), of om mijn zinnen te prikkelen (een functie van het geschreven woord die ik nooit heb onderschat). Ik las geen enkel boek voor de tweede maal. Ik schiep in toenemende mate mijn eigen romans, drama's, novellen en essays in de omgang met vrienden, vijanden en minnaars. Geen werk van de verbeelding kon mij ooit geven wat mij het meeste boeit: het zorgvuldig berekende of briljant geïmproviseerde effect, kortom, de verandering van de werkelijkheid. Nu mijn leven geen mogelijkheden tot veranderen meer biedt dan het onherroepelijke proces van verouderen, en ik mij bovendien heb teruggetrokken in de eenzaamheid van Huis Valmont, heb ik besloten mij bezig te houden met fictieve karakters en hun onderlinge verhoudingen, met literatuur. Niet met de werken die in de boudoirs gelezen worden en die ik altijd het toppunt van halfzachtheid en devote hypocrisie vond, maar met geschriften waarover ik erudiete geesten heb horen beweren dat die door visie of verbeeldingskracht het aangezicht van ons tijdperk beslissend veranderd, of mensen en hun daden in een nieuw licht geplaatst hebben. Ik heb geen behoefte aan beschrijvingen van prestaties, heldendaden of avonturen van mythologische, historische en louter verzonnen leden van het sterke geslacht. Voor mij daarom niets over Jupiter, Prometheus, Alexander, Aeneas, Caesar, Titus, Tristan, Arthur, Roland, Lancelot, noch zelfs over de Ridder van de Droevige Figuur; niets over Don Juan, Blauwbaard, Zonnekoning, de Grote Turk, Harlekijn of Scapin. In een vroegere fase van mijn bestaan kon ik al niet meer dan geduld-uit-wellevendheid (men behoort immers zijn klassieken te kennen!), op zijn best geamuseerde aandacht van een ogenblik, opbrengen voor die overtrokken voorstelling van mannelijke deugden en feilen, wederwaardigheden, strevingen. Nu voel ik alleen nog maar weerzin, omdat tenslotte uit dergelijke verbeeldingen de heren der schepping bij voortduring voedsel putten voor hun hoogmoed en meerderwaardigheidsgevoelens, en omdat (dit is ergerlijker) ook de vrouw innerlijk misvormd wordt door middel van de in die overleveringen en sprookjes vervatte gedragsnormen. Een leergierig jong meisje, met te weinig deemoed en talent voor zelfverloochening om zich levenslang uitsluitend aan procreatieve en representatieve plichten te wijden, en met te veel verstand en belangstelling om zich tevreden te kunnen stellen met de lauweren die er voor een vrouw te oogsten zijn in de loges van de Opera of in de salons, vindt immers geen andere voorbeelden van moed en savoir-faire dan juist in de meesterwerken van de letterkunde en in de annalen der Geschiedenis. Ik heb daarom mijn aangeboren zucht om te onderzoeken, te weten, in dienst gesteld van de taak na te gaan op welke wijze de grote dichters en kroniekschrijvers van heden en verleden nu eens gestalte gegeven hebben aan dappere, zelfbewuste, zelfstandige, intelligente, doortastende en toch door en door vrouwelijke *vrouwen*. Ik moet bekennen dat verreweg de meeste vrouwenfiguren die ik bij mijn lectuur in vroegere jaren ben tegengekomen, óf edele, deugdzame personages waren (van het soort waaraan ik nu minder dan ooit herinnerd wens te worden), óf wezens zonder andere verdienste dan stereotiepe schoonheid en lieftalligheid. Deze vereniging van innerlijke nietszeggendheid en uiterlijke bekoorlijkheden maakte de schepseltjes blijkbaar bijzonder geschikt de dromen en verlangens van helden te belichamen, een zaak waarover ik mij vaak verwonderd heb.

In mijn jeugd, in mijn ouderlijk huis, ben ik er – ondanks de bemoeienissen van de brave abbé die mij de beginselen van het Latijn en Grieks moest bijbrengen – niet in geslaagd mij een dusdanige beheersing van die dode talen eigen te maken, dat ik kon lezen wat ik wilde. Ik moest mij dus vergenoegen met die werken die de abbé in hun oorspronkelijke vorm voor mij geschikt vond: enkele zangen van Vergilius' *Aeneis*, een dozijn hoofdstukken van Epictetus, twee of drie oden van Horatius, fragmenten uit Homerus' epische werken en een handvol epigrammen. De omstandigheden waarin ik na mijn huwelijk met de markies de Merteuil kwam te verkeren, waren niet bevorderlijk voor een voortzetting van deze studies. Maar ik kon er in ieder geval citaten aan ontlenen voor correspondentie en conversatie; bepaalde versregels, zachtjes voor mij heen gefluisterd, verhoogden voor mij de sfeer van menig herdersuur, vooral wanneer de Dafnis of Endymion van het ogenblik er geen woord van begreep. Toen ik mij geplaatst zag voor de noodzaak een volkomen nieuw leven te beginnen in een vreemd land, waar ik volstrekt alleen, en voor verstrooiing en occupatie uitsluitend op eigen vindingrijkheid aangewezen zou zijn, heb ik niet alleen de Latijnse en Griekse leerboeken weer ter hand genomen, maar mij ook alle verkrijgbare vertalingen van de klassieke schrijvers aangeschaft. Bovendien kon ik mij in dit land, waar het altijd schijnt te wemelen van uitgewekenen uit andere delen van Europa, voorzien van voortreffelijke leermeesters in de Engelse en Duitse taal. Ik wilde me die talen eigen maken, omdat daarin werken geschreven en vertaald zijn die ik voor mijn onderzoek niet zou kunnen missen. Door de breedte van een tafelblad van de heren gescheiden, met het licht zodanig afgeschermd dat het alleen op boeken en papieren scheen en niet op mij, en bovendien meestal gemaskerd met het dunne zijden masker dat ik in Venetië heb laten maken en dat mijn gezicht van haargrens tot lippen bedekt, kon ik uren achtereen in hun gezelschap verkeren zonder gehinderd te worden door het besef dat ik letterlijk niet om aan te zien ben. Wat ik ook verloren mag hebben, niet mijn snelle begrip en goede geheugen! Mijn leermeesters prezen om strijd mijn vorderingen. Opnieuw – maar op hoe totaal andere wijze! – smaakte ik het genoegen de toestand volstrekt meester te zijn, naar believen te kunnen imponeren, ontroeren en in verwarring brengen (ook al ging het nu om mannen die ik vroeger niet meer aandacht waardig gekeurd zou hebben dan het meubilair). Zelfs zonder de royale beloning voor hun diensten zouden zij het zich tot een eer gerekend hebben mij onderricht te geven. Behalve het voor hen vleiende en stimulerende van de manier waarop ik hun lessen verwerkte, was daar het beproefde effect van mijn stem, die ik altijd als een gehoorzaam instrument heb kunnen hanteren. Door bepaalde intonaties, door met subtiel nuanceren van fluisteren tot zangerigheid mijn voor Engelse en Duitse oren toch al pikante uitspraak te kleuren, slaagde ik erin het gemis van mimiek en ogenspel te compenseren. Het ontbrak mij niet aan bewijzen dat het eigenaardige, geheimzinnige van mijn verschijning en omstandigheden mij in de ogen van mijn beide nog geenszins bejaarde docenten des te aantrekkelijker maakte. Vanzelfsprekend kwam het geen ogenblik in mij op de mogelijkheden van deze situatie uit te buiten. Er zijn dingen in het leven waaronder ik voorgoed een streep heb gezet. De lessen en de daarbij behorende oefeningen namen gedurende twee jaren al mijn tijd in beslag. Toen hadden die verdienstelijke lieden mij niets meer te leren.

Het kostte mij geen moeite als een kluizenares in huis, of in elk geval binnen de hekken van 'Valmont' te blijven. Het klimaat in Holland werkt in alle opzichten mee om iemand te bekeren tot de geneugten van het interieur. Op de vingers van twee handen kan ik de zomerdagen tellen die warm genoeg waren voor urenlang verblijf in de buitenlucht. Wat mijn park aan aantrekkelijks te bieden heeft, kan ik even goed, zo niet beter, door mijn ramen bekijken. Die heb ik ter wille van het uitzicht laten vergroten à la française. Men heeft hier een ware hartstocht voor bloemen. Had ik het mijn tuinman niet uitdrukkelijk verboden, hij zou mij van april tot oktober vergasten op steeds met andere soorten en kleuren beplante perken. Mijn Franse smaak voor geschoren hagen en symmetrische, effen gazons tegen een achtergrond van zo hoog mogelijk, regelmatig geboomte is hem te strak, te weinig 'gezellig' (een onvertaalbaar woord voor de in dit land boven alles begeerde kleinburgerlijke behaaglijkheid). Maar hij heeft mij te gehoorzamen. Ik wens een rustgevend, rationeel decor, niet de weelderigheid en variatie van de onberekenbare Natuur. Integendeel: de natuur binnen mijn gezichtskring laat ik temmen, geef ik de vorm die ik verkies; onder geen beding wil ik door geuren en kleuren overrompeld worden. De sentimentele mode om met de Natuur te dwepen, die sinds enige tijd in zwang is, heeft niets dat mij aantrekt. Uit mijn gebrek aan affiniteit met de nieuwe stroming is waarschijnlijk ook de teleurstelling te verklaren die mij bevangen heeft toen ik kennismaakte met enkele, mij als opzienbarend aangeprezen werken uit de hedendaagse Engelse en Duitse letterkunde. Er zouden daarin, zo werd mij voorgespiegeld, vrouwenkarakters geschilderd worden vanuit een geheel nieuw gezichtspunt. Verfijnde gevoeligheid, nog nimmer tevoren onder woorden gebrachte schakeringen en diepten van het innerlijke beleven zouden – zo vernam ik – de bevrijding van de menselijke geest uit het keurslijf der hypocrisie inluiden. Eerbied en begrip voor het vrouwelijke wezen zouden de weg wijzen naar een betere samenleving!

Indachtig mijn eigen streven naar zo volledig en volleerd mogelijk gebruik van alle zinnen en zintuigen, verwachtte ik zusterzielen beschreven te vinden. De zeden in mijn milieu hebben mij nooit toegestaan openlijk te zijn die ik ben; ik hoopte dus dat die creaturen van dichterlijke verbeelding aan de wereld zouden tonen hoe een vrouw in volle vrijheid het klavier van al haar mogelijkheden kan bespelen. Helaas! Tijdens het lezen werd ik tot mijn misnoegen telkens weer onweerstaanbaar herinnerd aan de door Valmont destijds zo uitvoerig voor mij uitgestalde, hooggestemde zielenroerselen van een zekere heilige onschuld, die ik als de oorzaak van mijn ongeluk beschouw. Ik wil haar naam zelfs niet *schrijven*.

5 *Aan de markiezin de Merteuil*

Mevrouw, u wilt haar naam niet noemen, niet schrijven, nog steeds niet; daarom zal ik het nu voor u moeten doen. Want hoe is het mogelijk 'van gedachten te wisselen' en dan toch die sleutelfiguur in het duister te laten? Zij is immers voortdurend onzichtbaar aanwezig, zij obsedeert u, en van de weeromstuit ook mij. Men haat alleen wie men in wezen belangrijk vindt. Uw gevoelens voor de jonge vrouw op wie Valmont zo fataal verliefd werd zijn uiterst complex van aard. Nooit had u het voor mogelijk gehouden dat een andere vrouw uw machtsbesef, uw gevoel van eigenwaarde, zo grondig zou kunnen verstoren. Toen u gedwongen werd zich met haar bezig te houden (omdat Valmont zich met haar bezighield!), bevond u zich juist in een luwte tussen twee liaisons; noch de breuk met de af te danken, noch de verleiding van een toekomstige minnaar boden uw verstand en uw zinnen voldoende activiteit. U verveelde zich; het was zomer, en warm in Parijs. De meesten van uw kennissen hadden zich teruggetrokken op hun buitengoederen, voorzover zij niet, zoals toen in zwang kwam, zogenaamde bad-reizen ondernamen naar geneeskrachtige bronnen. U bleef in de stad, u hield immers niet van het landle-ven.

Ik zie u, in die voor de intrige van *Les liaisons dange-reuses* beslissende ogenblikken, aan uw secretaire zit-ten (een van die ranke meubeltjes met inlegwerk van ivoor en ebbenhout). Voor u lag een brief, waarin u werd meegedeeld dat graaf de Gercourt zich verloofd had met een piepjong meisje uit uw kennissenkring. Dat bericht bracht een stroom van gedachten en as-sociaties op gang. Uw woede jegens de Gercourt her-leefde, groeide nog. Terwijl u zich geërgerd afvroeg wat in 's hemelsnaam de enige met wie u over derge-lijke dingen kon praten, Valmont, zo lang vasthield op het kasteel van een oude bloedverwante op het plat-teland, dat hij zelf tegenover u eens 'vervelend als het gevoel en saai als de trouw' genoemd had, maakten tegelijkertijd een voor u ongebruikelijke onrust en on-zekerheid zich van u meester. Men heeft het op zijn minst eigenaardig genoemd dat u jaren na dato nog bereid was zoveel energie te besteden aan de wraak op een man die niets voor u betekende. Ik geloof dat de woede jegens de Gercourt op dat ogenblik ook uw instelling ten opzichte van Valmont kleurde; wat u eigenlijk hinderde, was het feit dat Valmont afwezig en niet meer uw minnaar was. De huwelijksaankon-diging die u daar voor u op uw secretaire had liggen, verschafte u de (misschien heimelijk al lang gezochte) gelegenheid Valmont te prikkelen tot een project waarbij u weer samen betrokken zou zijn. Het voorstel om de Gercourts verloofde, Cécile de Volanges, te verleiden en te 'bederven' wierp u Valmont toe, zoals men voor een duel iemand de handschoen voor de voeten gooit. Valmont verklaarde zich echter niet per ommegaande bereid dit liefdewerk op zich te nemen; hij had een andere verovering op het oog. Zoals u zelf wel weet, mevrouw, hadden hij en u elkaar – ondanks de ietwat nostalgisch getinte galante toespelingen van zijn kant en uw eigen nooit uitgebluste neiging voor hem – toch nooit meer kunnen vinden; herhaling van het vroegere patroon was voor u beiden onmogelijk geworden, en een nieuwe, langduriger en diepgaander verhouding dan de vroegere had alleen kunnen ontstaan, indien zowel u als hij zich had kunnen losmaken uit de kringloop van uiterlijkheden, uit dat leven als een ononderbroken wedloop om de erepalm van elegante gewikstheid en koel effectbejag, een verbeten pogen de achilleshiel te ontdekken en te treffen van ieder met wie men te maken krijgt. Op het ogenblik dat hij innerlijk rijp was voor een andersoortige relatie tot een vrouw dan waaraan hij gewend was, ontmoette Valmont háár: madame de Tourvel. Haar echtgenoot was een in de adelstand verheven hoge magistraat, president van een rechtscollege. Hij behoorde dus tot de zogenaamde ambtelijke aristocratie, die door léden van de eeuwenoude militaire adel, zoals u, niet helemaal voor vol werd aangezien. In verband met een belangrijk rechtsgeding was Président de Tourvel voor de duur van enkele maanden naar Dijon in de provincie Bourgogne vertrokken. De tweeëntwintigjarige Présidente, zoals zij in *Les liaisons dangereuses* meestal wordt genoemd, leidde in Parijs een teruggetrokken leven. Tijdens een langdurige afwezigheid van haar man zou zij – uit eigen verkiezing, maar ook omdat het in haar kring zo hoorde – nog meer binnenshuis moeten blijven dan zij al gewend was. Met graagte nam zij dan ook een uitnodiging aan om de zomermaanden te komen doorbrengen op het kasteel van een bejaarde dame, die zij kende uit de sfeer van liefdadig werk; toevallig was dit de erftante van Valmont. Madame de Tourvel hield van de serene waardigheid van haar gastvrouw, van landelijke rust, van natuurschoon, van wandelen, kortom van alles waar *u* niets van moest hebben.

In de roman van Laclos wordt de Présidente herhaaldelijk beschreven als een lieve, eenvoudige, fijnzinnige persoonlijkheid. Zij was een gevoelsmens, niet in staat tot veinzen of tot 'spelen' met een ander. Zij kon ook niet koketteren, koesterde een hoge opvatting van liefde en, ondanks alle wijze lessen en waarschuwingen van wereldser vriendinnen, een hardnekkig vertrouwen in menselijke goedheid. Zij was zich ervan bewust een geweten te hebben en had een diepe behoefte zich aan iets of iemand te wijden. Het was haar eenvoudig niet mogelijk bij voorbaat kwaad van een ander te denken. Er is wel gezegd, mevrouw, dat zij de zuiverheid, de transparantheid, vertegenwoordigt tegenover *uw* opstelling, die een en al masker is. Valmont was bekoord door haar frisheid en natuurlijke gratie, en door het ongekunstelde, haast kinderlijke, van haar verschijning in de simpele, luchtige kledij van die zomer op het land. Men zou zich madame de Tourvel kunnen voorstellen als een van de vrouwenfiguren op schilderijen van Botticelli: rank, teer, met grote, droevige ogen. Zij noemde zichzelf tegenover Valmont ernstig, ja zelfs melancholiek van aard. Voor haar veel oudere, gewichtige echtgenoot (die het druk had met zijn rechtszaken en vaak lange tijd achtereen afwezig was) koesterde zij eerbiedige genegenheid; dat zij hem altijd trouw zou blijven vond zij vanzelfsprekend; zij hoopte en verwachtte dat zij hem kinderen zou schenken. Wat hartstocht wil zeggen, wist zij niet. Zij was niet frigide; wie haar brieven aan Valmont, en Valmonts waarnemingen betreffende haar in zijn brieven aan u leest, begrijpt onmiddellijk dat zij op hém voor het eerst in haar leven verliefd was, dat pas *hij* haar zinnen had weten te wekken. Zij had over Valmont veel kwaad horen vertellen; maar toen zij hem eenmaal had leren kennen, vond zij hem sympathieker dan men op grond van zijn reputatie kon verwachten, ja, zij was ervan overtuigd dat hij miskend werd. Het moet trouwens gezegd worden dat Valmont zich buitengewoon veel moeite gaf een goede indruk op haar te maken. Zij vocht tegen de verleiding; juist die kracht van haar verzet maakte haar in Valmonts ogen zo begeerlijk. Maar toen zij zich tenslotte gaf, was dat te goeder trouw, met hart en ziel, in het volle besef van wat zij, volgens de leerstellingen van haar geloof en de code van haar milieu, jegens haar echtgenoot misdeed. Zij was gelukkig als nooit tevoren, met en door Valmont, en tegelijkertijd zo ongelukkig als een mens maar zijn kan voor wie eer en plicht geen loze kreten betekenen; een conflictsituatie, mevrouw, die u ongetwijfeld troebel zult vinden en die uw rationalistische afkeer opwekt. De verklaring van de Présidente, door Valmont aan u overgebriefd, dat zij die dubbelzinnige, innerlijk tegenstrijdige en dus voor haar kwellende toestand alleen kon verdragen omdat haar volledige overgave Valmont gelukkig, anders, 'beter' scheen te maken, zal u wel even belachelijk als meelijwekkend zijn voorgekomen. Arme, openhartige, grootmoedige madame de Tourvel!

U kende haar wel, of liever, u wist wie zij was; u had haar wel eens gezien en u verwonderd over de naïveteit en het burgerlijke gemis aan koketterie en wereldse eerzucht van die wel degelijk aantrekkelijke jonge vrouw uit de 'preutse' kringen. Zij was in alle opzichten het tegendeel van de vrouwen-met-pretenties, zoals u die pleegt te noemen, de gevierde, elegante schoonheden uit wier midden Valmont altijd zijn vriendinnen koos, en wier ongekroonde koningin u jaar in jaar uit was geweest. Nooit zou het bij u opgekomen zijn dat Valmont zich werkelijk zou kunnen interesseren voor een *dévote*, zoals madame de Tourvel; hij en u hadden zich bij een bepaalde gelegenheid eens kostelijk – want boosaardig – om haar geamuseerd. Maar nu bleek plotseling dat mengsel van lieftalligheid en strenge ingetogenheid Valmont zozeer erotisch te prikkelen dat hij wandelingen en kaartavondjes met haar en zijn oude tante verkoos boven terugkeer naar Parijs, naar u en het groene blaadje Cécile de Volanges, dat u hem in het vooruitzicht had gesteld. Weliswaar beweerde hij dat hij zijn verblijf op het kasteel maar een paar dagen zou hoeven te rekken, precies lang genoeg om de erkend 'moeilijke', deugdzame Présidente te veroveren: 'Ik moet die vrouw hebben, om mezelf te behoeden voor een belachelijke verliefdheid; want wat kan gedwarsboomde begeerte niet voor gevolgen hebben!' Uw antwoord, vol sarcasme en uitdaging, bewijst dat u zich al bewust was van het gevaar. Omdat Valmont zo onder de indruk blijkt te zijn, kunt u geen enkele waardering meer opbrengen voor de kuise charme van madame de Tourvel: 'Wat is het nu eigenlijk, op de keper beschouwd? Regelmatige gelaatstrekken, dat wel, maar zonder een zweem van expressiviteit! Geen slecht figuur, maar niet elegant! Altijd belachelijk gekleed, met die dubbele laag zedige tule over haar decolleté, en een keurslijf tot aan haar kin!' U herinnert Valmont aan die ene keer toen u beiden zo om haar gelachen had: hoe zij in een kerk geld voor de armen aan het inzamelen was, onhandig manoeuvrerend tussen de knielende gelovigen in haar hoepelrok van vier el doorsnee, en verlegen blozend bij iedere revérence die zij tot dank voor een gift moest maken. Vol berekening tart u Valmont. U slaagde er dan ook in hem, die intussen ongedurig geworden was door steeds weer gefrustreerde begeerte, te winnen voor uw project inzake Cécile de Volanges. U bent niet vergeten, mevrouw, hoe u door handig manipuleren van relaties en situaties gedaan wist te krijgen dat de jeugdige Cécile en haar moeder kwamen logeren op hetzelfde kasteel waar Valmont en de Présidente zich bevonden. Maar nadat hij zich in de kortst mogelijke tijd, en zo grondig mogelijk, van zijn opdracht gekweten had, merkte u dat zijn jagersinstinct ten aanzien van madame de Tourvel pas met recht was gewekt. Wat u daarna ook te berde hebt gebracht om die groeiende belangstelling te temperen (door middel van spot, uitdaging, kritiek, berichten over uw liaisons met anderen), mocht niet baten. Het maakte dat na lezing van uw brieven hernieuwde genietingen met u hem als vanouds aanlokkelijk toeschenen, maar het verminderde zijn verlangen naar de Présidente niet. Als vrouw van de wereld had u moeten weten dat u het tegenovergestelde teweegbracht van hetgeen u wilde bereiken. Maar u was uw bezinning kwijt. U had uw volmaakte zelfbeheersing verloren, al wist u dat nog te verbergen. U was niet langer, als ik het zo noemen mag, de 'superieure' van uw web van intriges, niet langer een strateeg, maar een gekwetst mens die zich het enige zag ontglippen dat werkelijk waarde voor haar bezat: het absolute respect, de onbetwiste voorkeur van Valmont, die voor u de liefde vervingen waaraan u immers niet wenste te geloven. Dat hij de Présidente boven u stelde, u (zoals hij durfde te suggereren) bij haar vergeleken als een faciele vrouw beschouwde, bracht u buiten uzelf. 'Hell hath no fury like a woman scorned,' zoals Congreve schreef, een Engelse toneelschrijver van even voor uw tijd, wiens satirische toneelstukken u misschien gekend heeft. Uit de brieven van de nu werkelijk verliefde Valmont kon u voldoende informatie putten om in te zien dat u, als u eerlijk was, madame de Tourvel beminnelijk en achtenswaardig zou moeten vinden. Zij was de jonge vrouw die u eigenlijk had willen zijn; die u, onder andere omstandigheden, wellicht was geworden. Door haar toedoen werd soms, even, een Valmont zichtbaar die zich aan u nooit had geopenbaard. U begon de Présidente te haten (de eerste volstrekt irrationele impuls die zich ooit van u had meester gemaakt), omdat zij u beroofd had van iets dat u nooit had bezeten: een Valmont zonder berekening, zonder rouerie, een oprecht-hartstochtelijke, oprecht-tedere Valmont, die blijkbaar diep verscholen had gelegen in de Valmont die u kende. Uw zintuigen waren zo gescherpt, dat u die andere Valmont – de Valmont van de Présidente – kon proeven uit zijn brieven, hoewel hij daarin gewoontegetrouw als de cynische verleider bleef poseren. U realiseerde zich dat zijn betuigingen aan uw adres van een andere orde waren: in de eerste plaats een kwestie van de zinnen, van het genoegen dat een sportieve man schept in duel en debat, in de krachtmeting met een gelijke. Hij stelde prijs op – sterker nog, hij vreesde – uw oordeel. U was voor hem een rivaal-in-de-rouerie, maar dan een rivaal in de gedaante van een mooie, verleidelijke vrouw. Madame de Tourvel daarentegen belichaamde – ook al zou Valmont dat tegenover u niet toegeven – zijn betere ik, het natuurlijke, zuivere gevoel, dat hem in verwarring bracht, de jeugd die hij zich voelde ontglippen, de toekomst. U las tussen de regels van zijn brieven hoezeer hij ernaar verlangde zichzelf als het ware te vernieuwen – en daarom juist dwong u hem stelling te nemen voor of tegen die andere Valmont-in-hem. Ontegenzeglijk heeft dit voor Valmont een conflict betekend, dat hij zich echter nauwelijks bewust is geweest. Er is geen brief van hem uit de laatste periode van zijn omgang met madame de Tourvel, waarin hij niet zinspeelt op de beloning die hij hoopt te ontvangen in de vorm van uw 'gunsten'. Als hij innerlijk *niet* in verwarring verkeerd heeft, hoe is het dan mogelijk geweest dat hij, om met de Présidente te breken, haar de infame afscheidsbrief zond waarvoor u hem het ontwerp had geleverd?

'Alles verveelt na een poos, engel, dat is een natuurwet; en bepaald niet mijn schuld. Als ik nu dus genoeg heb van een avontuur, dat vier maanden van mijn leven in beslag genomen heeft, is dat niet mijn schuld! Laten we even aannemen dat mijn gevoelens voor jou van hetzelfde allooi waren als jouw eerbaarheid (en dat is echt te veel gezegd). Geen wonder dat er een eind kwam aan mijn verliefdheid op hetzelfde ogenblik dat jij mij jouw "eer" ' offerde. Dat is niet mijn schuld! Het gevolg is dat ik je al een tijdlang ontrouw ben: jouw genadeloze tederheidsbetuigingen hebben mij daar min of meer toe gedwongen. Dat is mijn schuld niet! De vrouw op wie ik nu dolverliefd ben, eist van mij dat ik jou laat schieten. Dat is mijn schuld niet. Ik begrijp best dat jij nu het recht meent te hebben je over verraad en bedrog te beklagen. Dat de natuur de man nu eenmaal in staat stelt gewoon zichzelf te blijven, terwijl de vrouw de neiging heeft meegekregen zich vast te klampen, is niet mijn schuld. Geloof me, neem een andere minnaar, zoals ik een nieuwe vriendin genomen heb. Dat is een bijzonder goede raad; als jij het er niet mee eens bent, is dat niet mijn schuld. Adieu, engel, ik heb je graag gehad, ik verlaat je zonder spijt; misschien kom ik nog eens bij je terug. Zo is de wereld nu eenmaal. Dat is mijn schuld niet.'

Toen madame de Tourvel die brief gelezen had, verschrompelde haar hart, zoals zij het zelf heeft uitgedrukt. Het was vooral de opzettelijkheid van deze demonstratie van niet-voelen, anti-voelen, die haar met ontzetting vervulde. Zij werd zich, voor het eerst in haar leven, bewust van de lust tot kwaaddoen als een onloochenbare menselijke eigenschap. Haar zachte aard kon die confrontatie niet verwerken. Zij verloor haar verstand en kwijnde weg. Misschien is het juister te zeggen dat zij bezweek onder het geweld van haar eigen emoties.

Zelfs u hebt zich verbaasd over Valmonts bereidwilligheid die vrouw, juist *die* vrouw, zo dodelijk te
kwetsen. De korte verhouding met haar was immers
geen bagatel; Valmont wilde, durfde het niet te erkennen, maar u wist het maar al te goed. Van alles hetgeen
Valmont u ooit vertrouwelijk geschreven had, zou één
regel, één bekentenis niet meer weg te branden zijn
uit uw geheugen: 'Na de omarming zonk ik aan haar
voeten neer en ik zwoer haar eeuwig te zullen liefhebben; en waarachtig, ik meende wat ik zei.'

Desondanks brak hij met haar, om u te bewijzen
dat hij nog steeds de oude was. U moet echter terdege
beseft hebben dat het leven zowel u als hem al zo ver
op een bepaald spoor van ontwikkeling had gezet, dat
in uw onderlinge verhouding nooit meer een andere,
niet-perverse marquise of *niet*-innerlijk-misvormde
vicomte zich zouden kunnen openbaren. In de steeds
giftiger krachtmeting tussen u beiden, gemankeerde
geliefden, lijkt *u* aanvankelijk de sterkste partij te zijn:
dankzij uw manipulaties maakte u het duel onvermijdelijk waarin hij door een ontgoochelde jonge aanbidder van de onteerde Cécile de Volanges werd gedood.
Maar Valmont heeft stervend teruggeslagen. Hij gaf
uw brieven prijs aan de openbaarheid.

Mevrouw, juist omdat de lezer van *Les liaisons dangereuses* u leert kennen uit die brieven, dreigt telkens
weer het misverstand dat men u gaat beschouwen als
een vrouw die zich met voorliefde in de epistolaire
vorm zou uiten. Niets is minder waar. Veeleer verborg

u zichzelf. U hebt meer dan eens verklaard dat u nooit eigenhandig schreef aan uw minnaars. U dicteerde uw billets doux aan uw kamenier Victoire. Het was een van de belangrijkste voorzorgsmaatregelen die u nam, om ontdekking te voorkomen of om latere indiscreties van de betrokkenen leugens en laster te kunnen noemen. Toen u van uw stelregel afweek, toen u, op die zomerdag in Parijs aan uw secretaire gezeten, in een complexe stemming van ergernis, onlust en verlangen, aan Valmont *per brief* uw project inzake Cécile de Volanges uiteenzette, tekende u tegelijkertijd, zonder dat te vermoeden, uw vonnis. De kunst van de door en door gemaakte, de als het ware 'gespeelde' brief, de brief als masker, als list, beheerste u tot in finesses; maar de brief als egodocument bracht u ten val. Een gewaarschuwd mens telt voor twee. U zou niet zijn die u bent en blijft, madame la marquise de Merteuil, indien die ervaring van fatale mededeelzaamheid u niet voorgoed had genezen van de behoefte min of meer vertrouwelijke brieven aan een ander te schrijven. Het lijkt mij daarom aannemelijk dat wat u in uw Haagse ballingschap op schrift stelt in de eerste plaats het karakter heeft van bespiegelingen. Laclos laat u ergens in *Les liaisons dangereuses* badinerend zeggen dat u hoopt ooit nog eens memoires te publiceren, niet de uwe (!), maar die van Valmont, gebaseerd op alles wat hij u in de loop der jaren had verteld en wat u zelf met betrekking tot hem had meegemaakt en waargenomen. Het is mogelijk dat Laclos met de gedachte heeft gespeeld in die vorm een vervolg aan zijn roman toe te voegen. Zijn dood, in 1803, heeft ons dan beroofd van een merkwaardig boek, dat ik graag had willen lezen, niet in de laatste plaats omdat u op die zelfgekozen indirecte manier waarschijnlijk toch veel over uzelf had onthuld. Ik kan mij niet neerleggen bij het feit dat die extra dimensie van de waarheid aan u ontbreekt; dat is dan ook de reden dat ik uw schim tracht op te roepen.

Ik stel mij voor dat waar tegenwoordig de Daal-en-Bergse Laan zich in bochten om de bosjes van Pex slingert, vroeger, eeuwen geleden, van voor uw tijd al, een pad geweest moet zijn, als onderdeel van een binnendoorverbinding tussen de vissersdorpen Kijkduin en Scheveningen. Aangenomen dat er een huis was op deze plek: voorbijgangers, die zich al nieuwsgierig afvroegen wie er toch wel woonde op dat afgelegen kleine buitengoed, moeten na het invallen van de duisternis dubbel geïntrigeerd getuurd hebben naar één enkel verlicht raam, zichtbaar achter het loof van het park of (in de winter) tussen het netwerk van twijgen door. In mijn verbeelding is dat het raam van de kamer waar, bij kaarslicht, alleen, u zich handhaaft op papier.

6 *De markiezin de Merteuil*

Er is iets dat mij niet bevalt. Ik heb telkens de gewaarwording alsof er een druk op mij uitgeoefend wordt waarvan ik niet gediend ben. Speelt het alleenzijn mij parten? Ik zie geen schimmen, ik hoor geen onverklaarbare geluiden (het dwaze verbeeldingsspel met licht en schaduw heb ik mijzelf verboden; één keer is meer dan genoeg), maar ik bespeur in mijzelf, in mijn brein, een invloed die mij week wil maken, *gevoelig*. Wat ik in mijn lectuur afwijs, schijnt zich langs omwegen aan mij op te dringen. Ik ben niet van plan te zwichten voor sentiment; nu minder dan ooit. Ik kan mij onder deze omstandigheden alleen staande houden en – wie weet – nog eens ontsnappen uit een leven dat me door zijn eentonigheid steeds ondraaglijker toeschijnt, wanneer ik ieder spoor van innerlijke zwakte uitban. Moet ik treuren om Valmont? Zou hij niet de eerste zijn om de spot met mij te drijven? Ik ontkracht de glorieuze verbondenheid in het volstrekte vrij-zijn, die wij eens samen kenden, wanneer ik nu zou jammeren, omdat die, zoals alles op aarde, vergankelijk is gebleken. Ik wist dat immers van tevoren. Naar ik hoor is het in Engeland en Duitsland nu de grote mode op een stille plek, op eigen grond, een gedenkteken (urn of zuil) op te richten voor een dode geliefde, en daar dan onder treurwilgen en cipressen het verloren geluk te bewenen. Ik kan nog eerder begrip opbrengen voor de vrouw over wie ik onlangs las, die de schedel van haar minnaar in haar slaapkamer bewaart. Het doodshoofd is macaber, maar tenminste tastbaar. Ik heb een horreur van al wat vaag en troebel is. Ik wens mij ook niet over te geven aan opwellingen van spijt of schaamte; bovenal wil ik niet *lijden*. Elke keer wanneer het mij begint te duizelen of wanneer ik de neiging in mij voel opkomen mijn handen te wringen (tranen storten kan ik alleen bij wijze van spel), stel ik mij háár voor die Valmont boven mij verkozen heeft (en die, zoals uit zijn brieven aan mij bleek, niet zuinig was met uitingen van hevige bewogenheid), en dan ben ik weer genezen. Ik kan weliswaar niet handelen zoals ik dat zou willen, maar wel als vanouds denkbeelden ontwikkelen. Geen daden dus, maar wel woorden, om te bewijzen dat ik mijn leven beheers en niet ten prooi ben aan fantasieën en angsten. Waar anders kan ik gehoor vinden, waardering verwachten, dan in mijn eigen bewustzijn? Lezen is, merk ik, in vele opzichten: een dialoog voeren. Men reageert onwillekeurig op de uitspraken en gedragingen van de fictieve personages, en formuleert zijn bijval of afkeer. Degene tegenover wie ik mijn mening onder woorden breng, is niet mijn lucide zelf, maar een soort van mogelijke opposant; misschien wel die eigenaardige, vormeloze kracht, die *gevoelsstroom*, die ik niet verdragen kan.

Van de tot ver over de grenzen van zijn vaderland beroemde Johann Wolfgang Goethe (of von Goethe, hij schijnt intussen in de adelstand verheven te zijn; mijn leermeester in het Duits placht zijn stem tot eerbiedig fluisteren te laten dalen, zodra hij de naam van dit genie uitsprak) las ik een roman over een zekere Werther, een uitermate sentimenteel en introvert jongmens, dat letterlijk sterft van liefde voor een – volgens beproefd recept – lieftallig en zedig vrouwspersoon. In deze Lotte kon ik geen interessante eigenschappen ontdekken; zij leek mij een brave bourgeoise, op en top huisvrouw, een en al gevoel, maar gelukkig niet larmoyant. Afgaande op alle lofredenen verwachtte ik daarna in elk geval geboeid te zullen worden door de drama's *Stella* en *Iphigenia* van dezelfde auteur. Maar de twee vrouwen binnen de in het eerste werk aan de orde gestelde driehoeksverhouding zijn alweer voorbeelden van die verheven, zwaarwichtige karaktersterkte, die mij lijnrecht in tegenspraak lijkt met gezond verstand en levenskunst; en de heldin van die tragedie naar klassiek model is als een wandelend marmeren beeld, streng en droevig, kuis en onthecht. Ik moet zeggen dat ik mij aanzienlijk meer aangetrokken voelde tot Minna von Barnhelm, de vrouwelijke hoofdpersoon van een ander Duits toneelstuk, geschreven door een mijnheer Lessing. *Zij* geeft tenminste blijk van esprit en doorzettingsvermogen, zij weet wat zij wil en keert zich bewust tegen bepaalde overtrokken-idealistische, echt mannelijke voorstellingen van eer, plicht en zelfverloochening. Zij heeft de moed te erkennen dat zij haar eigen geluk belangrijker vindt. Dat geluk is hier natuurlijk weer sentimenteel van aard, namelijk dat van de eeuwigdurende (huwelijks)liefde. In elk geval beviel mij de pittigheid van het personage; daardoor wordt tot op zekere hoogte het gemis aan mondaine zwier en vernuft vergoed. Mijn Engelse leermeester heeft mij twee romans aanbevolen als documenten van de geest des tijds: de zeer omvangrijke geschiedenissen in briefvorm, die sinds twintig jaar de rage zijn geweest, ook in Parijs, maar die ik toen – uit tijdgebrek en vooral uit weerzin tegen het huilerige genre – nooit ter hand heb willen nemen; ik bedoel *Clarissa Harlowe* en *Pamela* door Samuel Richardson. Ik heb ze, moet ik bekennen, nu met stijgende verbazing in het origineel gelezen. De excessieve afweer van Clarissa jegens haar aanbidder Lovelace (een figuur die bepaalde trekken van overeenkomst vertoont met Valmont) lijkt mij eerder een bewijs van een haast ziekelijke angst voor het genot van de liefde dan van onschuld. O, ik begrijp wel degelijk haar kreet: 'Ik heb de kracht gehad de man te verachten van wie ik had kunnen houden!' Maar ik ben van mening dat mademoiselle Harlowe, zonder zich dat overigens bewust te zijn, te kwader trouw is. Men maakt mij niet wijs dat zij de bedoelingen van haar hardnekkige belager niet al van het begin af aan heeft onderkend. Misschien schept zij in wezen meer behagen in kwellingen en vernederingen dan in de lichamelijke geneugten die man en vrouw elkaar kunnen schenken. Pas nadat men haar een verdovende drank heeft toegediend, haar het bewustzijn heeft doen verliezen, is zij te benaderen. Die bewusteloosheid levert het excuus voor haar overgave! Ik vind zowel het personage als haar auteur uitgesproken hypocriet. Steeds toenemende aantallen lezers schijnen hete tranen te wenen om het lot van deze Clarissa, zich te vereenzelvigen met haar houding, als gold het een metafysische strijd tussen Goed en Kwaad.

Uitziend op het geboomte van mijn park, dat laag blijft als gevolg van de zuidwestenwind, heb ik getracht mij in die zogenaamde nieuwe geestesgesteldheid te verdiepen. *Ik* heb de man veracht die ik had kunnen liefhebben, maar niet ten koste van mijn leven. Zij die ik niet noemen wil, had hem – Valmont – lief op haar manier, terwijl zij hem eigenlijk verachten moest; dat is haar dood geworden. Maar zij is tenminste – zij het kortstondig en misleid door sentiment – uit vrije wil uiteindelijk voor zijn hofmakerij gezwicht en kwam juist voor het moment suprême bij uit de bezwijming die zij natuurlijk toch aan zichzelf verplicht meende te zijn. Wat zij, mijn enige werkelijke mededingster, daarbij won was van wezenlijk belang; alleen *ik* heb dat ten volle begrepen. Clarissa Harlowe blijft zich verzetten tegen Lovelace, omdat hij slechts haar lichamelijke overgave begeert, maar haar karakter niet acht, haar geest, of moet ik zeggen haar 'ziel', versmaadt. Ik ken de teleurstelling en de woede die een vrouw bevangen wanneer een man met al te doorzichtige eufemismen dingt naar wat hij haar *gunst* belieft te noemen. Ik ben die minnaars altijd met hun eigen wapens te lijf gegaan, ook Valmont – en juist daarom had hij mij niet werkelijk lief. Men moet, dunkt mij, het element van strijd in de omgang tussen de seksen niet bagatelliseren. De wetten die het wezen van de een bepalen, zijn funest voor de ander. Samengaan blijkt alleen tijdelijk mogelijk door middel van wapenstilstand; blijvende vriendschap is een illusie. Ik vermoed dat men van huis uit tot de stand van de toernooienliefhebbende ridderschap moet behoren om dit te begrijpen. De geestesgesteldheid die gestalte krijgt in de nieuwe literatuur is daar de tegenvoeter van: de moraal van mensen die meer waarde hechten aan eigendom en respectabiliteit dan aan trots. Met tegenzin greep ik naar Richardsons tweede roman, *Pamela*, en zag daarin mijn vermoedens betreffende die bij uitstek *burgerlijke* instelling bevestigd. De deugdzame dienstbode Pamela (tot haar voordeel gelukkig jong en aantrekkelijk) bezwijkt niet voor de toenaderingspogingen van haar heer en meester, voordat hij haar ten huwelijk heeft gevraagd. Ook hier is weer sprake van die waardering van de zogenaamde kuisheid, en van 'liefde' als een verhouding die alle andere uitsluit. In haar omgang met hogergeplaatsten hoeft, zoals ik uit eigen aanschouwing weet, een meisje uit het volk niet per se de dupe te zijn. Ik heb in Parijs heel wat modistes en kameniers meegemaakt die met gezond realisme en raffinement hun positie wisten uit te buiten, eenvoudig omdat zij uitgingen van het fundamentele verschil tussen de seksen en tussen de standen. Dat instinctief-handige, op overleven ingestelde gedrag heb ik beschreven gevonden in *Manon Lescaut* van de abbé Prévost, en in *Moll Flanders* van een Engelse auteur uit de vorige eeuw, Daniel Defoe. Manon en Moll zijn avonturiersters, het vrouwelijke equivalent van de schelmen die vanouds bij lezers in de smaak zijn gevallen vanwege hun vindingrijkheid, durf en innerlijke veerkracht. Moll noch Manon zijn sentimenteel, dat wil zeggen bij de ene noch de andere geven verlangens om als 'ziel' bijzonder, of juist representatief voor hoger menselijk streven-in-het-algemeen te worden gevonden de doorslag. Zij zijn individuen van het vrouwelijk geslacht, volledig doordrongen van de harde werkelijkheid. Zij proberen niet een voor mannen en vrouwen gemeenschappelijke ideële norm te scheppen. Zij benaderen de problemen van het leven vanuit hun vrouwelijke wezen en met vrouwelijke middelen, en slagen er door hun vaardigheid en tact herhaaldelijk in de situaties waarin zij komen te verkeren meester te blijven. Maar Moll Flanders noch Manon Lescaut zijn dan ook producten van de nieuwe sensibiliteit, die, naar men beweert, de maatschappij zal veranderen. Deze twee vrouwenfiguren worden meestal gekwalificeerd als oplichtsters, bedriegsters, zedeloze schepsels. Manon geldt als betoverend, maar verderfelijk voor wie haar bemint, en Moll is een vitale deerne, niet geplaagd door gewetenswroeging of scrupules van andere aard. In dit verband denk ik nu aan Marianne, personage uit een roman van monsieur de Marivaux, zij is een wees, die met gratie, list en mensenkennis, kortom met superieure dubbelzinnigheid, de voor haar aanvankelijk onbereikbare man van haar keuze aan haar voeten brengt. Voor de scherpzinnige Marivaux heb ik altijd een zwak gehad. Als kind al hoorde ik hem prijzen als de man-van-de-wereld, die de aanstellerij van de precieuze kringen op de hak had genomen, eleganter dan Molière dat voor hem heeft gedaan. Ik heb in Parijs ettelijke komedies van Marivaux gezien; de volgende dialoog, naar ik meen uit De *kolonie*, is mij bijgebleven: 'Het huwelijk zoals dat tot nog toe geweest is, betekent eigenlijk ook niets anders dan een vorm van slavernij, die we moeten afschaffen.' 'Het huwelijk afschaffen? En wat komt daar dan voor in de plaats?' 'Niets.' Ik houd vol dat vrouwen als Manon, Moll en Marianne onze sekse op waarachtiger wijze vertegenwoordigen dan de overgevoelige, dweepzieke, snel bezwijmende, tot in het uiterste de normen van deugd en fatsoen dienende schonen die de hedendaagse stroming in de letterkunde ons voorzet. De zich welhaast hysterisch opofferende en gehoorzame Julie in *La nouvelle Héloïse* van de nieuwlichter Rousseau is een sprekend voorbeeld van die mentaliteit, die tot mijn verbazing ook in Frankrijk steeds meer aanhangers wint. Ik heb mij afgevraagd of ik misschien *uit* de tijd ben, omdat ik mijzelf in dergelijke personages niet kan herkennen. Vertegenwoordigde *zij* – Valmonts aangebedene – met haar gewetensbezwaren van devote bourgeoise wel dat nieuwe levensgevoel? En Valmont dan? Belichaamde die ene vrouw voor hem een aards paradijs, omdat hij vermoeid begon te raken van de wereld waarin hij en ik tot op dat ogenblik zo succesvol verkeerden, de wereld van strijd en rivaliteit, aangename frivoliteiten en tot niets verplichtend spel? Hij heeft mij destijds, in het begin van zijn verliefdheid op háár, geschreven dat zijn hart *verdord* was, dat hij zich vroeg oud voelde; en dat – het laat mij nog altijd niet onberoerd – *zij* hem weer de illusie van jong-zijn had geschonken.

Toen ik tot dit punt was gevorderd met mijn lectuur, kwam de gedachte bij mij op dat ik de meest natuurgetrouwe uitbeelding van het vrouwelijke wezen wellicht zou moeten zoeken in romanfiguren of dramatis personae die zowel door de auteurs als door de fictieve helden van de betreffende werken als maatschappelijk of privé onaanvaardbaar, dat wil zeggen, als onbegrijpelijk, lastig, amoreel of ronduit *slecht* worden beschouwd. Denken en doen in overeenstemming met haar eigen aard brengt een vrouw blijkbaar al te vaak in conflict met de tenslotte door mannen ontworpen heersende staatkundige en godsdienstige wetten en regels. Het schijnt de vrouw verboden te zijn door grote hartstochten bewogen te worden. De enige passie die men haar gunt, is die van het moederschap. Zelfs extreme vaderlandsliefde of religieuze gedrevenheid wantrouwt men in een vrouw. Heiligverklaringen achteraf, zoals in het geval van Jeanne, de Maagd van Orléans, of van Theresa van Avila, veranderen daaraan niets. Als in een vrouw passie samengaat met wilskracht en intelligentie, kan de uitkomst alleen maar een tragedie zijn. Een dergelijke instelling ten opzichte van een geliefde of een idee geldt in een vrouw als zonde, de zonde van de hoogmoed. Vrouwen worden ons in literaire werken getoond ten prooi aan passie, als het voorwerp of het slachtoffer van andermans passie, zoals Phaedra of Hermione of Berenice in de tragedies van Racine. Zij hebben niets te verwachten dan ongeluk, een zedelijke nederlaag of de dood. Een vrouw die in haar hartstocht creatief is, handelt, zich zelf en de situatie meester blijft, is de prinses de Clèves: personage in een door een *vrouw* geschreven verhaal. Maar ook deze auteur, madame de Lafayette, laat haar hoofdfiguur de prijs betalen voor doordacht, intelligent, maar afwijkend gedrag: de prinses ontzegt zich bewust het genot van een liefdesrelatie om geen dupe te worden van wat zij – naar mijn oordeel terecht –vreest, namelijk dat de gevoelens van de beminde man voor haar zullen kwijnen, zodra zij zich aan hem gegeven heeft. Ik waardeer de consequente gedragslijn van die vrouw, gekenmerkt door de innerlijke discipline van onze Grote Eeuw; en dat des te meer wanneer ik haar zelfbeheersing en besef van eigenwaarde vergelijk met de houding van de tedere, nieuwerwetse schepsels die zo lijden onder de hartstochten die zij bij anderen hebben opgewekt en die zij eigenlijk beneden hun eigen delicate waardigheid achten, of die voortdurend praten over de hevigheid van hun gemoedsbewegingen, maar er niet over peinzen die aandoeningen in daden uit te drukken.

Bladerend in een keur van geschriften begon ik het vermoeden te koesteren dat de zogenaamde 'slechte' vrouwen in de werken van de letterkunde de gepassioneerden zijn, die niet passief willen of kunnen blijven; kortom, die voor zich een recht opeisen dat – zo schijnt het – aan de man is voorbehouden. De slechte vrouwen zijn zij die met *handelen* reageren. De *held* vindt, in het goede of in het kwade, bondgenoten, tegenstanders, op gelijk peil of van gelijke kracht. De dichters laten hem overwinnen of te gronde gaan, maar nooit zonder grootsheid, zonder allure. De vrouw daarentegen blijft alleen in een luchtledig met haar onbeantwoorde of geen uitweg vindende hartstocht.

Omdat de gepassioneerde vrouw nu minder dan ooit in de mode lijkt te zijn (ook ik heb mij, voorzichtig, altijd uitgesproken ten gunste van l'amour de tête en de afstandelijkheid) en de toekomst schijnt te behoren aan behoedsters van huiselijke deugden en van liefde als etherische zielsverwantschap, heb ik voorbeelden gezocht in de letterkunde van vroeger tijden. Er zijn, zo is mij nu gebleken, veel 'slechte' vrouwen in de literatuur. Ik heb mij onder andere beziggehouden met enkele van de vele drama's van William Shakespeare, die twee eeuwen geleden leefde en schreef, maar van wie het Engelse publiek nooit genoeg krijgt. Mijn leermeester in de taal van Albion had mij al kennis laten maken met de beroemdste scènes en monologen uit dat omvangrijke oeuvre; ik moet toegeven dat ik herhaaldelijk getroffen werd door de originaliteit van een beeld, door de vitaliteit van de verzen, maar over het algemeen vond ik de personages bizar, weinig geciviliseerd. Ik had soms de gewaarwording te luisteren naar uitingen van wezens, afkomstig uit een afgelegen, nog archaïsch gebied. Dergelijke verhalen vertellen boeren en herders elkaar in het bergland van de Vercors. Op reis door slecht weer daartoe gedwongen, heb ik in die streek wel eens enkele ogenblikken doorgebracht in een kolenbrandershut of een bergerie, waar baardige kerels met vachten over de schouders rondom een vuur gehurkt zaten. Een vergelijkbare curieuze sfeer, als van duisternis, vlammengloed, iets wilds, komt mij tegemoet uit de werken van deze schrijver, die ik onder ogen heb gehad. Mijn weerzin jegens het overdreven hevige, primitieve, heeft mij belet voldoende inzicht te krijgen in de drijfveren van de vrouwenfiguren. Bijvoorbeeld de koningin van Denemarken in *Hamlet*, en de zusters Regan en Goneril in een tragedie over een oude vorst, Lear, leken mij beheerst door ongenuanceerde gevoelens van zinnelijkheid en eerzucht; voor de eerste gaat het om een man in bed, ten koste van de verhouding tot de zoon, voor de twee anderen om een kroon op het hoofd ten koste van alles. De koningin van Denemarken sluit haar ogen voor een misdaad, die zij zelf niet zou kunnen begaan omdat zij daartoe te dom, te week is; de boosaardige gezusters zijn karikaturen van bloeddorst. De echtgenote van Macbeth in het toneelstuk van die naam zou ik misschien het predikaat 'slecht' willen geven in de zin die ik bedoel, als ik haar maar begreep.

Ik kan wel zeggen dat ik mij met een zucht van verlichting gewend heb tot de grote auteurs uit de klassieke Oudheid. Zowel Euripides als Ovidius hebben een tragedie gewijd aan Medea, prinses van Colchis, die de held Jason behulpzaam was bij de verovering van het Gulden Vlies, en die later op zo bloedige wijze wraak nam vanwege zijn ontrouw. Het toneelstuk van Ovidius is verloren gegaan; wel bezitten wij in de twaalfde zang van zijn *Heroides* een uitbeelding van Medea. Gedurende een reeks van lange winteravonden, die ik – als de oud geworden Hélène in het befaamde sonnet van Ronsard 'alleen, bij het licht van een kaars' – in mijn studiekabinet doorbracht, terwijl buiten in de bosschages rondom mijn huis de wind als een furie tekeerging, heb ik Ovidius' opvatting van dit vrouwenkarakter vergeleken met die van de Griekse dichter. Men zegt dat van alle volken in de Oudheid de Romeinen zich het meest door de Rede lieten leiden. Ovidius verspilt geen sentiment aan Medea. Zijn versregels hebben de koele glans die mij lief is; de taalvormen van het Latijn zijn de volstrekte antipode van barbarij. De grootse maar troebele hartstocht die het werk van Euripides ademt, gaat tegen alle rede in; dat geeft mij een onbehaaglijk gevoel, al erken ik de superieure kwaliteit van de Griekse verzen. 'Wij vrouwen... ik zeg niet, dat wij van nature slecht zijn – maar wij zijn nu eenmaal wat wij zijn,' laat Euripides zijn Medea zeggen. Wat bedoelt de Colchische? Dat een vrouw niet dezelfde maatstaven aanlegt inzake goed en kwaad als die in de mannenwereld gelden, of dat vrouwen het verschil tussen goed en kwaad niet kennen? Maar Euripides' Medea spreekt elders alsof *zij* althans dat wel degelijk doet: 'Ja, ik kan schuld verdragen, hoe verschrikkelijk ook; hoon van mijn vijanden verdraag ik *niet*.' Medea doodt haar kinderen en haar medeminnares echter niet om te ontkomen aan vernedering en spot van de kant van buitenstaanders, maar om Jason te treffen, zoals zij eerder, om Jason te helpen, haar eigen broer heeft vermoord. Wat haar volgens de tekst het 'dierbaarst' is, de zoontjes van haar en Jason, vernietigt zij, en daarna ontkomt zij in een drakenwagen, die zij door toverkunst heeft opgeroepen; wie de mythologie bestudeerd heeft, weet dat zij in Athene bescherming zoekt en de gemalin van de daar heersende koning wordt. En dat is dan dezelfde vrouw, die ons in het begin van Euripides' tragedie wordt afgeschilderd als zo verslagen door de ontrouw van Jason, zo onverschillig voor eigen welzijn, dat zij zich dag en nacht op de grond wentelt, voedsel noch drank wil aanraken. Zij toont zich een en al angst en zorg voor het lot van haar kinderen in de situatie die door Jasons nieuwe huwelijk zal ontstaan, maar juist die onschuldige schepsels kiest zij uit om de giftige geschenken naar Jasons bruid te brengen; met andere woorden, zij stelt hen die al bedreigd zijn, bloot aan vrijwel zeker levensgevaar. Een overmaat van tegenstrijdigheden! 'Wij zijn nu eenmaal wat wij zijn': betekent dit dat vrouwen irrationele wezens zijn, onberekenbaar zoals natuurverschijnselen? De Medea van Ovidius gaat zich niet te buiten aan betuigingen van moederliefde of van wanhopig liefdesverdriet. Men volgt haar apologie, zoals men bij een duel het uitvallen en pareren van een meester op het rapier gadeslaat, of bij het schaakspel de tactiek waardeert waardoor een van de twee tenslotte mat gezet wordt. Ik acht het een stof tot nadenken biedende variant, dat bij Ovidius Medea haar latere misdaden niet verklaart als een wraakoefening die zij aan Jason moet voltrekken, maar als een straf van de Goden of van het Noodlot voor haar zelf, omdat zij eens zo naïef, zo 'simplex' geweest is, in Jasons trouw te geloven en medeplichtig te worden aan daden van geweld tijdens de tocht der Argonauten. *Deze* Medea is lucide, kent geen troebele strijd tussen emotie en rede. Het bevalt mij dat zij zich niet tracht te verhullen in nevels van raadsels en onverklaarbare beweegredenen. Het is een vrouw die terecht meent dat zij wraak moet nemen, en – evenzeer terecht – geen kans onbenut laat om zich zo gunstig mogelijk voor te doen tegenover de lezers van haar epistel (alle zangen van de *Heroides* zijn in briefvorm gesteld, hetgeen de lectuur aanzienlijk ver-aangenaamt!).

7 *Aan de markiezin de Merteuil*

Mevrouw, uw dédain ten opzichte van de romantische stroming begrijp ik wel; toch kan ik u niet vrijpleiten van een zekere kortzichtigheid. Bent u, juist u, blind voor het element van individuele waardigheid, van weigering anders dan uit vrije verkiezing relaties aan te gaan, dat in de meeste van de door u genoemde werken centraal staat? Uit diepgeworteld verzet tegen het gebruikt-worden door anderen hebt u als jonge vrouw (nog onbekend met de nieuwe mentaliteit-in-opkomst en u vogelvrij wanend in de frivole samenleving waartoe u behoorde) met list en raffinement de macht aan u getrokken, ik heb al eens gewezen op het chevalereske, of moet ik zeggen: het verfijnd schelmachtige van uw houding en gedrag. U deed zo, ik zal niet beweren met de moed der wanhoop, want wanhoop ligt niet in uw aard, maar in elk geval met moed, met een koele, illusieloze, eenzame dapperheid. Sprong er dan niets in u op, in respons, toen u in de literatuur van uw tijd las van vrouwen en meisjes die – met vrij wat minder briljante talenten en omstandigheden gezegend dan u – bereid waren letterlijk totterdood vol te houden dat zij niet als lustobject, speelgoed, bezit behandeld wensten te worden, en die (door haar voorwaarden te stellen: respect, ware genegenheid, trouw) de strijd aanbonden tegen de door u zelf gesignaleerde, op 'primitieve' biologische verschillen berustende, ontmoedigende verhouding tussen man en vrouw? Ontging u, landgenote van denkers-nieuwe-stijl als Rousseau, Montesquieu, Voltaire, de symboolwaarde van die strijd? Of waren het misschien juist de verderstrekkende implicaties van de nieuwe stroming, die u, opgevoed in het besef van menselijke ongelijkwaardigheid, tegenstonden?

Ongetwijfeld, mevrouw, hebt u zich geërgerd aan de romantische overdrijving, soms tot in het belachelijke toe, van roerselen die de toonaangevende maatschappijmens tot op dat ogenblik als 'klein', als volstrekt gespeend van grandeur en dus niet ter zake doende, had verworpen. Een eerste opwelling van een tegenstroom is vaak exces, moet het zijn, om zich kenbaar te kunnen maken. U zult mij niet horen beweren dat *Clarissa Harlowe* en *La nouvelle Héloïse* onsterfelijke meesterwerken zijn. Maar de meest wezenlijke elementen van de Nieuwe Gevoeligheid hebben wel degelijk een geniale vorm gekregen in de tragedie *Faust* van diezelfde Goethe wiens *Die Leiden des Jungen Werthers* u zo larmoyant vond. Nee, mevrouw, ik ga geen poging wagen u een indruk te geven van de inhoud van *Faust*; ik acht mijzelf, zeker waar het deel twee van de tragedie betreft, daartoe niet in staat. Deel een behelst, als ik een en ander tot de allersimpelste formule mag herleiden, de geschiedenis van een oudere geleerde, die zijn ziel aan de duivel (de 'allesontkennende' geest) verkoopt in ruil voor de eeuwige jeugd en het bezit van een rein meisje, Gretchen. Hij verleidt en verlaat haar, zij doodt in wanhoop en waanzin haar pasgeboren kind en wordt tot het schavot veroordeeld. Dat Goethe *Clarissa Harlowe* en *Julie* en andere werken van de nieuwe literatuur van het sentiment gekend heeft en waardeerde, staat vast. Hij heeft er zijn leidende thema's en symbolen in gevonden. Zijn oeuvre wemelt van bedrogen en verlaten vrouwen. Gretchen in *Faust* is het klassieke type van de verleide onschuld. In zijn roman *Die Wahlverwandtschaften*, die u op Huis Valmont nog niet gelezen kunt hebben omdat het boek toen nog niet geschreven was, verbeeldt Goethe varianten van menselijke verhoudingen, man-vrouw-relaties vooral, die duidelijk geïnspireerd zijn door de opkomende algemene behoefte aan voorrang van het gevoelsleven en vernieuwing van oude vormen. Er is ook verondersteld dat hij, zeker na 1790, beïnvloed zou zijn door de lectuur van *Les liaisons dangereuses*. Mephisto, de duivel uit *Faust*, kan beschouwd worden als een gewetenloze libertijn van helse afmetingen, Satan zelf in de gedaante van een roué, die met perfide leedvermaak zijn web rondom de stervelingen weeft. De weer jong geworden Dokter Faust, de eigenlijke verleider, is eenvoudiger van structuur: een 'vorser', die nooit echt geleefd heeft en nu in een roes van lust de gewaarwording van macht zoekt, maar geraakt wordt door het verlangen naar een hogere vorm van geluk. Een van Laclos' hedendaagse commentatoren heeft de gedachte geopperd dat Faust en Mephisto de wezenlijke bestanddelen zijn van een soort van super-Valmont, dat zij samen de mannelijke veroverings- en vernietigingsdrang belichamen, zoals Gretchen een verschijningsvorm is van wat Goethe het 'eeuwig-vrouwelijke' heeft genoemd, de zachte kracht die in schijnbare nederlaag uiteindelijk toch triomfeert, dat wil zeggen veredelt. Mijn beschrijving van *Der Tragö-die erster Teil* ontlokt u misschien de opmerking dat dit verhaal uw keukenmeid zou kunnen bekoren, maar u niet. Vermoedelijk kan zij niet lezen, de goede Trijn of Pleun (ook uit het dorp Loosduinen afkomstig), en áls zij lezen kan, zullen de taal en de beeldspraak waarin de grote dichter zijn 'verhaal' gekleed heeft onoverkomelijke hinderpalen voor haar vormen. Maar terwijl ik dit opschrijf, moet ik denken aan uw vroegere kamenier en zoogzuster Victoire. In *Les liaisons dangereuses* is een aanwijzing te vinden betreffende de misdaad die zij eens begaan zou hebben (u kende het geheim van haar schuld, dat gaf u destijds absolute macht over haar). Victoire had, evenals Gretchen in *Faust*, als ongehuwde moeder uit angst voor schande haar kind om het leven gebracht. Hebt u nooit medelijden met haar gehad? U hebt samen met haar op de knieën van uw voedster gezeten, met haar in één bed geslapen, met haar gespeeld. Toen u een heel klein kind was, hebt u toch vast wel geloofd dat u in één gezin bij elkaar hoorde. Of was u al zo jong doordrenkt van hautain standsbewustzijn, dat u haar en de haren alleen kon beschouwen als mensen van lagere orde, als gebruiksvoorwerpen? Dacht u nooit, toen Victoire na haar misstap en wanhoopsdaad (door uw toedoen 'gered') bij u in dienst trad: 'There but for God's grace go I'? Ik kan mij nauwelijks voorstellen dat u, met Victoire als constante helpster en oog- en oorgetuige bij alle inbreuken op de goede zeden die *u* ongestraft beging, nooit zou hebben stilgestaan bij de aard van het verschil tussen uw beider levenslot. Misschien vond u een en ander volmaakt vanzelfsprekend, zoals u het destijds, op het kasteel van de Merteuils, vanzelfsprekend vond dat u de herders en knechten die u bevielen als seksuele instrumenten kon gebruiken, zonder dat dit hun ooit het geringste recht gaf zich te beklagen of aanspraken te doen gelden. In feite, mevrouw, gedroeg *u* zich altijd als de Boze Verleider en Meedogenloze Uitbuiter. Men heeft u wel eens een 'Lovelace in rokken' genoemd. O, ik geloof graag dat u zucht van verveling en met de neus van uw zijden schoen geërgerd een roffel tikt op het parket, terwijl u de romansnieuwe-stijl doorbladert die uw goede boekhandelaar bij u heeft achtergelaten. Uw vorming volgens een elitepatroon van eeuwen her belet u affiniteit te ontwikkelen tot revolutionaire gedachten, die op zichzelf beschouwd geheel in de lijn van uw karakter liggen.

Het rococo (aristocratische, overwegend materialistische verfijning) loopt op zijn eind, mevrouw, terwijl u daar zit, in uw salon op Huis Valmont, tussen uw boeken. Dat de romantiek verfijning van het *gevoel*, en dan vooral ook democratisering van die gevoelsverfijning wilde zijn, de mogelijkheid van zielenadel voor iedereen, is niet een idee die u aanspreekt; zoals ik nu wel begrijp, niet omdat u in intelligentie tekortschiet, maar eenvoudig omdat u, die zo gesteld bent op uw eigen vrijheid, zich geen voorstelling kunt maken van 'gelijkheid' en 'broederschap'.

Ook ten aanzien van die paar door u genoemde 'slechte' vrouwen in toneelwerken van Shakespeare lijkt het klimaat van de tijd waarin u uw hoogtijdagen beleefde, u parten te spelen. Niets is minder 'rococo' dan Shakespeare. Ik begrijp uw dégoût voor het optreden van de twee inderdaad barbaarse dochters van Lear en uw verachting voor het slappe karakter van Hamlets moeder. Dat heeft niets te maken met de aard van de misdaden of het medeplichtig zijn van de personages, maar met hun rechtlijnigheid. U vindt ze te weinig complex, en daarom niet interessant. Dat Regan en Goneril uit de tekst naar voren komen als wandelende, gestileerde slechtheid, kan ik niet ontkennen; maar de koningin in *Hamlet* is toch niet louter dom en sensueel? En wat Lady Macbeth betreft: daar hebt u zonder twijfel een van de grote gepassioneerde vrouwenfiguren in de literatuur. Alweer: de sfeer van dat werk ligt u niet. Als u de streek van de Drôme al somber en geestdodend vond, hoe moet u dan wel niet gehuiverd hebben bij de gedachte alleen aan Macbeth's burcht in het barre Schotland. De herders en kolenbranders, die op u de indruk maakten van wilden uit een oertijd, zijn van pastorale eenvoud vergeleken bij de ruige krijgslieden op de heuvel van Dunsinane. Shakespeares taal is zo in strijd met de sierlijke stijl waarin u gewend bent de dingen des levens, ook de meest afschuwelijke, gepresenteerd te zien, dat het uw begrip in de weg staat. Het is trouwens de vraag of een personage als Lady Macbeth begrepen kan worden met het *verstand*; zij lijkt zozeer een (tijdelijke) belichaming van elementen uit het onderbewuste (van Macbeth!) dat men haar veeleer herkent als een samengebalde kern van negatieve energie. Lady Macbeth wordt meestal uitgebeeld als de duivelse gezellin die Macbeth tot zijn misdaden aanspoort. Om een juiste voorstelling te krijgen van haar persoonlijkheid, zou men zich moeten verdiepen in de gemoedsgesteldheid van een intelligente, energieke, maar in de maatschappij waarin zij leeft eigenlijk niet meetellende vrouw van een uiterst eerzuchtige, maar niet zo begaafde man met een zwak karakter. Shakespeare heeft zijn stof niet historisch benaderd; maar in het Engeland van zijn tijd was het met de ontplooiingskansen voor een vrouw niet beter gesteld dan in de Schotse Middeleeuwen; misschien lag het daar zelfs gunstiger, omdat binnen de clans de vrouwen wel degelijk een functie hadden. Lady Macbeth komt te verkeren in de roes van plotseling te kunnen handelen op een plan dat haar alledaagse leven verre te boven gaat. De heksen, die in het begin van het drama Macbeth de toekomst voorspellen, vertegenwoordigen het irrationele, de nachtkant van de ziel, alles wat verdrongen en onuitsprekelijk in Macbeth zelf gist. De Lady – evenals de heksen van het vrouwelijke geslacht – is degene die voor hem de woorden der heksen als het ware vertaalt; in háár wordt Macbeth's verborgen eerzucht zichtbaar. Wat de heksen hem in raadselspreuken aanreikten, lijkt door de raadgevingen van zijn vrouw werkelijkheid, waar, te zullen worden. Zij wordt niet medeplichtig aan zijn misdaden uit pure bloeddorst of ambitie, maar als gevolg van een blinde toewijding aan Macbeth, die zelfs drang tot vereenzelviging genoemd zou kunnen worden. Men kan Lady Macbeth ook zien als een diep teleurgestelde vrouw: na de dood van haar enige, nog jonge kind waarschijnlijk onvruchtbaar, en tijdens de veldtochten van haar echtgenoot altijd eenzaam op hun afgelegen burcht. Zij maakte uit Macbeth's brief inzake de hem gedane voorspellingen meer op dan er in feite in staat, met andere woorden: omdat bij gebrek aan een eigen levensvervulling haar aandacht geheel en al op hem en zijn belangen gericht is, leest zij tussen de regels zijn heimelijke wensen. Zij kent hem te goed om niet te weten dat hij uit eigen beweging geen stappen zal ondernemen om te bereiken wat hij het meest begeert. Het denkbeeld de oude koning Duncan te vermoorden komt van hem;

maar zij is degene die de beslissende rol speelt bij het verwezenlijken van zijn wens, door hem te overreden wanneer hij weifelt, door moeilijkheden uit de weg te ruimen en hem te prikkelen tot actie. Hem gaat het in de eerste plaats om de opperste macht, haar is het erom te doen hem tot macht te zien groeien door haar steun. Dit project is voor de twee mensen als het ware een kind dat zij samen maken, de bevestiging van een twee-eenheid, waaraan in dit geval vooral de vrouw een besef van gelijkwaardigheid ontleent. Lady Macbeth is namelijk in deze fase van zijn bestaan voor Macbeth even onmisbaar als Medea het was voor Jason bij de verovering van het Gulden Vlies. Evenals de tovenares van Colchis roept ook Lady Macbeth de machten der duisternis te hulp; zij smeekt die haar te ontseksen, dat wil zeggen, haar te wapenen, te harden, tegen gevoeligheid en bij uitstek vrouwelijk geachte eigenschappen als medelijden, spijt en angst. Zij moet, zoals zij zegt, een monster worden, de grenzen doorbreken van de conventies die voor de vrouw gelden, om onder de gegeven omstandigheden als Macbeth's wederhelft te kunnen fungeren, zijn wensen te verwerkelijken. Als noodzakelijke tegenhanger van de twijfel en verwarring van haar echtgenoot ontwikkelt zich daarom bij haar een ijzeren wilskracht, een onmenselijk consequent gedrag. Zij gunt zich geen tijd tot nadenken en dus tot mogelijk aarzelen. Ik heb het altijd opvallend gevonden dat Lady Macbeth's geestelijke instorting dateert van het moment dat Macbeth, geheel in beslag genomen door de problemen van zijn nieuwe staat en omringd door andere raadgevers, haar niet meer nodig heeft, in heimelijke afkeer en angst haar zelfs schijnt te mijden. Dat de Lady haar verstand verliest uit wroeging, bewijst dat zij van nature geen misdadigster is. Voor haar lag de zin van wat zij deed in de symbiose met Macbeth. Als de twee-eenheid wegvalt, kan zij het monster in zichzelf niet aan. Zij had zich onmenselijk moeten gedragen om de gelijke van haar man te worden: er bestond geen vrouwelijke vorm van handelend optreden op het niveau van de macht. Dat er een traditie gegroeid is om Lady Macbeth te spelen als de vlees en bloed geworden slechtheid, heeft de toneelkunst waarschijnlijk te danken aan de actrice Mrs. Siddons, een tijdgenote van u, mevrouw. Zij was groot, fors gebouwd en had een bijzondere gave voor het uitbeelden van demonische figuren. Zij heeft, zoals men dat noemt, de rol van Lady Macbeth naar zich toe gehaald en in die vorm gefixeerd.

Het verwonderde mij eerst wel dat u de voorkeur geeft aan de Medea-figuur in de *Heroides* van Ovidius, een werk dat niet in de schaduw kan staan van Euripides' tragedie. Wat u daarin getroffen heeft als troebelheid is juist het element waardoor het stuk nog altijd in hoge mate levend is gebleven, terwijl de *Heroides* waarschijnlijk alleen nog maar door classici van de bibliotheekplank wordt genomen. Euripides' Medea is de niet-Griekse, de vreemdelinge, door Jason ontvoerd uit haar eigen, 'barbaarse' omgeving, waar de mens als persoon nauwelijks in tel is, maar waar zij, de prinses, bejegend wordt met een, uit een niet eens zo ver terugliggend verleden stammend, ontzag voor de vorstin-priesteres, die van nature in verbinding staat met oeroude aardmachten. Daarom ook denken de bewoners van Colchis dat Medea toverkracht bezit. Jason heeft haar hulp nodig, dat wil zeggen, het taboe dat Medea omgeeft komt hem van pas. Door het veranderen van de omstandigheden, het uit de weg ruimen van mensen onder andere, met behulp van middelen waarover alleen zij beschikt, weet Medea zich voor Jason onmisbaar te maken. Dat hij haar een hoofdrol toebedeelt in zijn handelen als 'held', schenkt de Colchische de nooit eerder gekende gewaarwording als *persoon* erkend te worden. Uit de gemeenschappelijk ondernomen actie ontstaat hun huwelijk. Medea voelt zich Jasons gelijke, zijn wederhelft. Haar uitzinnige reactie op zijn ontrouw, in haar ogen een verraad, komt vooral voort uit het plotselinge besef dat zij door Jason toch niet als unieke, onvervangbare levensgezellin wordt beschouwd, maar dat zij voor hem veeleer een accessoire is geweest. Door hun beider kinderen te doden, vernietigt Medea definitief de eenheid, het gepaard-zijn, die Jason al ondergraven heeft door buiten haar medeweten een verbintenis te sluiten met Creusa, de in politiek opzicht belangrijker partij en bovendien jonger en mooier dan zij. Van mede-handelende wordt Medea gedegradeerd tot 'een' van Jasons vrouwen. Maar de passie, die een godheid (om

Jason te helpen) destijds in Colchis in Medea's hart heeft ontstoken en die door de Antieken vergeleken werd met een wentelend, gewiekt, vurig wiel, is nog niet uitgeraasd, groeit onder de druk van verbittering tot waanzin. De kracht waarvan Jason eens geprofiteerd heeft, keert zich nu tegen hem en zijn Huis. Dat is, geloof ik, de achtergrond van Euripides' tragedie. Evenals Medea stamt ook die andere 'slechte' vrouw uit de wereld van de Griekse mythologie, Clytaemnestra, uit het overgangstijdperk van een oude matristische naar nieuwe, mannelijk-georiënteerde vormen van samenleving. Clytaemnestra doodt Agamemnon, omdat hij in staat was zijn eigen dochter Iphigenia als een offerlam te slachten in ruil voor de gunst der goden in de oorlog om Troje. In een vroeger tijdperk zou in die mediterrane wereld, volgens oeroude tradities, de koning zelf, de gemaal van de koningin, bereid zijn geweest zich te laten offeren, niet voor de goede afloop van een oorlog, maar voor een overvloedige oogst, voor het voortduren van de vruchtbaarheid der aarde. Agamemnons gewelddadige omkering van het sacrale gebeuren ervaart Clytaemnestra als een ongehoord vergrijp tegen een orde-der-dingen die voor haar nog geldt. Zowel zij als Medea wreken zich bloedig voor mannendaden die zij ondergaan als een vorm van heiligschennis, een vertrappen van wat tot het domein van de Aardmoeder, de Grote Godin, behoort. In het op Noord-Europese sagen berustende *Nibelungenlied* uit de vroege Middeleeuwen verkeert

Brünhilde in een vergelijkbare situatie. Zij, de amazoneachtige, begiftigd met een bovennatuurlijke kracht (variant van Medea's toverkunst), lokt de moord uit op de held, die de sacrale zin van het tweegevecht met haar genegeerd, de oude wetten geschonden en haar kracht door list gebroken heeft. De 'slechtheid' van dergelijke vrouwengestalten houdt verband met de mate waarin zij nog geloven in een gezag van de vrouw, dat door een nieuwe wereldorde is ontkracht. Ik veronderstel, mevrouw, dat de lectuur van het laatstgenoemde epos u niet aantrekt. U zult de mensen die daarin voorkomen en hun gevoelens nog barbaarser en onbegrijpelijker vinden dan die in Shakespeares verbeeldingen. Misschien vergis ik mij en hebt u zich wel degelijk in het *Nibelungenlied* verdiept; uw leermeester Duits kan best behoord hebben tot de vooruitstrevende geesten die zich in uw tijd bezig gingen houden met Germaanse overleveringen. Het zal u dan opgevallen zijn dat er een wereld van verschil is tussen de wraak van Brünhilde en die van Kriemhilde, de vrouw van de gedode held. Kriemhilde roeit met voorbedachten rade haar hele familie uit, leidt fanatiek een massaslachting, volgens de codes van de bloedige vete tussen mannen; haar drijfveren zijn vooral blinde haat jegens degenen die haar haar echtgenoot hebben ontnomen, een einde hebben gemaakt aan haar vrouwengeluk en zijn heldendom. Kriemhilde is de vrouw in de mannenmaatschappij die zich als vanzelfsprekend vereenzelvigt met de functie en de taak van haar heer en meester, en de bloedwraak ten uitvoer brengt die haar verwanten niet aandurven. Handelend als een man wordt zij een monster, ontsekst zij zichzelf, zoals Lady Macbeth. Brünhilde *is* niet en *wordt* ook nooit een vrouw-in-een-mannenwereld, dat wil zeggen, een vrouw die slechts in relatie tot de man bestaat; zij blijft zelfs in haar nederlaag onafhankelijk. Juist omdat zij geen 'wijfje' is, zoals Kriemhilde au fond wel, moest zij in een openlijke krachtmeting, met volledige erkenning van haar eigen waarde, overwonnen, of liever gewonnen worden.

Wat de Medea van Ovidius betreft: om u van repliek te kunnen dienen, heb ik me verdiept in de twaalfde zang van zijn *Heroides*. Ik beheers het Latijn niet zoals u dat kennelijk doet, mevrouw, ik moest mij met een vertaling behelpen. Euripides heeft een vrouw beschreven die uit hartstocht en een volstrekt andere geaardheid dan haar omgeving gruwelijke daden begaat; maar de Medea die Ovidius voor ons neerzet is een misdadigster: een van de vroegste literaire portretten van een crimineel vrouwentype. Het gaat bij Ovidius om de tegenstelling tussen de latere Medea, die in het gedicht aan het woord is, en de herinneringsbeelden die zij, bij wijze van apologie, oproept: het meisje dat zij was voor zij Jason ontmoette. Die aanvankelijke onschuld komt op de lezer over als een listig ontworpen en kundig in het openhartige, kille verslag van haar handelen gevlochten informatie, bedoeld om Jasons schuld te onderstrepen en de hare te temperen. De waarheid is dat deze Medea Jason wel *moest* volgen, omdat zijn streven naar macht en roem haar als niets anders de gelegenheid bood te handelen in overeenstemming met haar eigen aard en vermogens. Er is wel eens getwijfeld aan de echtheid van de *Heroides*; waarschijnlijk in de eerste plaats omdat hier zo nadrukkelijk aandacht werd opgeëist voor het standpunt en de visie van *vrouwen*figuren uit de mythologie, zoals Andromache, Penelope, Helena, die men nooit anders had bekeken dan vanuit de optiek van de helden met wie zij te maken hadden. Het was een benadering die blijkbaar niet verwacht werd van een Romeinse dichter. Maar Ovidius hield van vrouwen, getuige zijn *Ars amatoria*, en als het waar is dat hij de *Heroides* schreef tijdens zijn ballingschap aan de Zwarte Zee, zou men in die afwijzing van het bij uitstek 'mannelijke' standpunt, en dus in de ontluistering van een aantal mythologische helden, een vorm van protest kunnen zien tegen de viriele, nationalistische idealen vol grandeur van keizer Augustus (die hem, Ovidius, juist om zijn erotische werk, als decadente zedenbederver, levenslang had verbannen). Nu – en dan bedoel ik de tijd waarin ik zelf leef, met zijn groeiende bewustheid ten aanzien van emancipatieproblemen – treft de buitengewone gave van die dichter uit de tweede eeuw voor Christus, om als het ware door vrouwenogen te zien en de 'psychopathologie van de liefde' te doorgronden. Bij het lezen van Ovidius' Medea-brief moest ik onwillekeurig denken aan een nog jonge vrouw die ongeveer tien jaar geleden in Engeland terechtstond wegens medeplichtigheid aan een aantal afschuwelijke moorden op kinderen. Myra Hindley was afkomstig uit de arbeidersklasse, die in de loop van de twintigste eeuw, mevrouw, een status verworven heeft als die van de kleine bourgeoisie in uw tijd. Zij had zichzelf met vlijt en volharding opgewerkt tot secretaresse, dat betekent niet per se, zoals u misschien zou denken, een vrouwelijke secretaris, maar meestal: een vrouwelijke klerk. Zij verdiende daarmee een redelijk salaris, dat zij voor het grootste deel besteedde aan uitgaan en kleding. Om haar opgewektheid en hulpvaardigheid werd zij vaak gevraagd in jonge gezinnen om op de kinderen te passen wanneer de ouders van huis waren. Zij stond bekend als een flink en betrouwbaar meisje. De overeenkomst die mij trof, heeft te maken met iets in het wezen van die vrouw, dat blijkbaar op eigen kracht niet aan het daglicht trad, kón treden, en dat ook voor haar zelf verborgen bleef totdat zij een zekere Ian Brady ontmoette (een mislukte, gefrustreerde, eerzuchtige jongeman met een ziekelijke fantasie), die haar minnaar werd. Pas als gevolg van een blinde 'sexuelle Hörigkeit' (vergelijkbaar met de liefdesrazernij die volgens het mythologische verhaal Medea overviel, zodra zij Jason zag) openbaarde zich in Myra Hindley een koelbloedige vindingrijkheid in het kwaad, waardoor zij voor Brady een onmisbare handlangster kon zijn. 'Als hij het mij vroeg, deed ik uiteindelijk altijd met hem mee,' verklaarde zij tijdens het proces, en: 'Ik hield van hem. Ik houd nog van hem.' Ooggetuigen weten te melden dat Ian Brady, toen hij op zijn beurt werd voorgeleid, zijn vroegere geliefde geen blik waardig keurde. Zij bestond eenvoudig niet meer voor hem. Zij had alleen een functie voor hem gehad bij het waarmaken van zijn sadistische wensdromen.

Mevrouw, tot geen prijs wil ik vergelijkingen trekken tussen Jason, de held van het Gulden Vlies, en de psychopaat Brady, en het zou even ongepast en absurd zijn de prinses van Colchis, die meer dan menselijk is als mythologische figuur, literaire schepping en belichaming van een oude mediterrane cultuur, zo geladen met symboolkracht, dat zij nog steeds dichters en schrijvers inspireert, op één lijn te stellen met de vrouw die in 1966 in Liverpool in de beklaagdenbank zat. Een Engelse schrijfster, Pamela Hansford Johnson, die in de rechtszaal aanwezig was, zegt wel dat de verschijning van Myra Hindley haar deed denken aan een door een negentiende-eeuwse artiest geschilderde vrouwenfiguur uit de mythologie, een Clytaemnestra bijvoorbeeld, of aan een van de monstrueuze droomgestalten van de schilder Fuseli, die in uw tijd leefde. Zij signaleert ook de redeloze angst ('terror'), die Myra Hindleys *vreemdheid* wakker riep bij allen die de rechtszitting bijwoonden. 'Zij – Myra – was niet in staat zich volledig te realiseren wat zij had gedaan.' De Medea in Ovidius' *Heroides* is zich wel degelijk bewust van haar crimineel gedrag. Zij ziet koel en alert en hoogmoedig haar daden in hun volle omvang, en ook dat zij voortaan alleen nog maar verder heeft te gaan op de ingeslagen weg. Het enige dat zij zichzelf niet vergeeft, is dat zij ooit zo naïef geweest is zich aan Jason te binden (u zei het al); zij aanvaardt stoïcijns de gevolgen van die verblinding. Myra Hindley droeg, volgens Pamela Hansford Johnson, 'met iets als verachting voor de aanwezigen de last van haar verdorvenheid'. Dat zij de omvang van haar misdrijven niet kon beseffen, lag deels aan haar eigen beperktheid, deels aan haar onvermogen het sadisme van Brady te peilen. Ovidius' Medea daarentegen is haar situatie volkomen meester. De moorden die zij begaan heeft, tellen voor haar minder dan het feit dat zij Jasons gevoelens voor haar en zijn beroep op haar hulp verkeerd heeft getaxeerd. Het weerzinwekkende van die daden en van de daden die zij nog zal begaan, nu Jasons ontrouw gebleken is, erkent zij volmondig. De Medea van Ovidius en Myra Hindley stemmen echter hierin overeen, dat zij hun misdadigheid als zodanig niet *voelen*, zich op geen enkele wijze geschokt tonen door het kwaad dat zij bedreven hebben. Met andere woorden, het speelt voor hen geen enkele rol dat hun daden als *mis*daden te boek staan. Door deze instelling onderscheidt de Medea uit de *Heroides* zich van de meeste interpretaties van die figuur. Ik zou willen weten of Ovidius in zijn verloren gegane tragedie ook die nadrukkelijke niet-mythologische, maar haast nuchtere, klinische opvatting heeft volgehouden.

Achttien eeuwen na hem sluit uw landgenoot Corneille zich in zijn *Médée* weer aan bij de visie van Euripides, die hij nog uitwerkt waar het haar moederliefde en haar passie-ondanks-alles voor Jason betreft. Ik kan mij niet voorstellen, mevrouw, dat u dat toneelstuk (nog geen honderd jaar voor uw tijd geschreven) nooit gezien zou hebben. Medea was immers een van de glansrollen van Mlle Clairon, een actrice die triomfen vierde in Parijs gedurende de tien of vijftien jaar die u in die stad hebt doorgebracht. Er bestaat een gravure waarop zij is afgebeeld in de slotscène: een toneelmachinerie in de vorm van een door onweerswolken omstuwde drakenwagen voert Medea (met in de hand een bloedige dolk) weg van Jason, die juist zijn zwaard getrokken heeft om de dood van zijn kinderen te wreken.

U ging veel naar het theater; tragedies van Corneille en Racine werden door de 'preutse' kringen als verheffend beschouwd: u kreeg nauwelijks een gunstiger gelegenheid om het nuttige met het aangename te verenigen. Al hebt u ongetwijfeld vaak in het kleine, roodgecapitonneerde kamertje van uw vaste loge uw stoel achteruitgeschoven om – ongezien vanuit de zaal en zonder zelf iets van het toneelgebeuren te kunnen volgen – aangenaam te converseren met uw gezelschap, toch is het ondenkbaar dat u niet op zijn minst eenmaal in volle aandacht geluisterd en gekeken zou hebben naar een vertoning van *Médée*. En dan vind ik het onwaarschijnlijk dat u dit werk van Corneille niet zou noemen, wanneer u toch bezig bent zich in Medea-verbeeldingen te verdiepen. U zult daartegen inbrengen dat u zich nadrukkelijk bezig wenst te houden met de Antieken. Misschien vergat u Corneille, omdat in *zijn* tragedie een belangrijke plaats is toegekend aan Creusa, Jasons nieuwe bruid, en omdat dit personage, verre van antipathiek te zijn, ook blijk geeft van liefde voor Jason; stervend in het door Medea geschonken vergiftigde kleed, weerhoudt Creusa hem ervan weg te snellen om Medea te straffen: 'J'aime mieux voir Jason que la mort de Médée.' Is het ver gezocht te veronderstellen dat u zich Corneilles stuk niet kon herinneren, omdat de personages en de situatie u gedwongen zouden hebben te denken aan de gevaarlijke verhouding tussen Valmont, u zelf en madame de Tourvel, die onmiskenbare Creusa-eigenschappen bezat? Nu ik het toch over Corneille heb, mevrouw, welke blinde vlek in uw bewustzijn is er de oorzaak van, dat u in uw aanvankelijke speurtocht naar sterke, *niet*-slechte vrouwen in de literatuur voorbijgegaan bent aan Chimène, de geliefde van de held uit *Le Cid*. In haar moet u, dunkt me, toch trekken gevonden hebben die u aanstonden. Ik durf zelfs te beweren dat men uw relatie tot Valmont een achttiende-eeuwse, 'gedegenereerde' versie zou kunnen noemen van de heroïsch-strijdbare verhouding tussen Chimène en haar Rodrigo. Ook *die* liefde is een steekspel op leven en dood, en de twee zijn aan elkaar gewaagd. 'Mijn grootmoedigheid moet een antwoord zijn op de jouwe/ Door mij te grieven heb je getoond mij waardig te zijn/ Nu moet ik mij jou waardig tonen, door je totterdood te vervolgen.' Hoe paradoxaal het ook moge klinken, Rodrigo en Chimène lijken meer voor elkaar bestemd naarmate zij door hun woorden en daden – maar vooral door woorden – de kloof tussen hen beiden vergroten. Nooit en nergens is Chimène een van die alleen maar edelaardige of kleurloos-lieftallige wezens die u zo tegenstaan in letterkundige werken, en evenmin kan men haar een manwijf noemen. Hoewel u ongetwijfeld ironisch glimlacht en uw schouders ophaalt over al die verouderde chevalereske omhaal ter wille van Eer, Plicht en Glorie, acht ik het niet uitgesloten dat u diep in uw hart ooit wel eens verlangd hebt naar een tijd en een omgeving met dergelijke harde beginselen, een zo klare, kantige taal (ik heb zo iets trouwens menen te proeven in uw opmerkingen over de roman van madame de Lafayette). Chimène is, volmaakt vanzelfsprekend, Rodrigo's gelijke; zij wedijveren met elkaar in moed en trouw aan de ridderlijke code. Zij doen geen enkele concessie aan de toch niet geringe wederzijdse erotische aantrekkingskracht. Ik geef toe, mevrouw, dat met name Chimènes fanatieke verbale verzet niet natuurlijk aandoet; maar was u dat dan wel, in uw boudoir, schermutselend, valstrikken uitzettend, harten brekend, een wonder van gepolijste manieren en luchtige, verfijnde conversatietechniek, een verrukking om te zien en aan te horen, maar verraderlijk als een in een bloemtuil verborgen tweesnijdend mes, of als gif in een honingdrank?

U hebt Marivaux genoemd als voorbeeld van een auteur die u 'ligt'. Alweer betrap ik u op een veelzeggende nalatigheid! U hebt komedies van hem gezien, zegt u; daarbij moet ongetwijfeld zijn beroemdste stuk *Les fausses confidences* uit 1737 zijn geweest: een sprankelende verbeelding rond een mooie, jonge weduwe, die met evenveel charme als tact de aanvankelijk voor haar onbereikbare man van haar keuze wint; en wel voor een *huwelijk*, mevrouw, een verbintenis die (gezien alle moeite die zij zich getroost) voor deze bekoorlijke, intelligente heldin, en dus waarschijnlijk ook voor haar schepper Marivaux, in elk geval *niet* 'Niets' betekende. Die toneelverbeelding is een en al bewijs dat het wel degelijk mogelijk was serieus te zijn in een zetting van wereldse elegantie, zelfs van speelsmodieuze listen en lagen en scrupuleus gehandhaafde vormelijkheid; mogelijk ook om (toppunt van behendigheid!) iets dat in uw tijd in de praktijk niet haalbaar, schandalig, werd geacht, zoals in dit geval het huwelijk van een aristocrate met een man van veel lagere afkomst, aanvaard te krijgen. Hebt u die Araminte nooit heimelijk benijd?

8 *De markiezin de Merteuil*

Ik geloof niet dat ik bezit wat men gemeenlijk een 'geweten' noemt. In mijzelf bespeur ik niets van die zogenaamde innerlijke stem, of van een instinctieve afkeer van misdaad. Ik laat mij er niet van weerhouden iets te doen of te laten omdat het 'slecht' zou zijn (wat is dat trouwens?), maar omdat het strijdig is met het gezonde verstand, of omdat het mij uiteindelijk schaden zou. Als ik achteraf spijt heb gehad van de afscheidsbrief die ik Valmont in de pen gaf ter verzending aan haar, dan was dat niet omdat *zij* geleden heeft, maar omdat ik haar reactie en het effect daarvan op Valmont niet heb voorzien. Ik kan verklaren dat ik geen medelijden koester met een volwassen vrouw die in illusies verkoos te leven, en evenmin met een meisje als Cécile de Volanges, dat in de eerste plaats het slachtoffer werd van haar eigen nieuwsgierigheid en behaagzucht. Ben ik slecht omdat de ene niet meer werkelijkheidszin, de andere niet meer zelfbeheersing kon opbrengen? Nooit zou ik grof geweld hebben gebruikt, of anderen tot het gebruik van geweld aangespoord hebben, als ik mijn doel niet had kunnen bereiken door het bestoken van de zwakke plekken in hun wezen; eenvoudig omdat ik geweld, in welke vorm ook, dégoûtant vind. Is het soms verboden valse schijn, zelfbedrog door te prikken? Wat ik deed was in geen enkel opzicht strijdig met de wetten van de logica. Overzien, doorzien, van karakters en situaties, en vervolgens tot zo groot mogelijke eigen voldoening handelen op grond van die waarnemingen, is dat niet de macht bij uitstek van wie over geen andere, meer concrete, maatschappelijke machtsmiddelen beschikt?

Tijdens een slapeloze nacht liet ik een aantal vrouwen aan mijn geestesoog voorbijtrekken, die wereldberoemd zijn, dat wil zeggen, wier namen iedereen al eeuwenlang kent. Uiteraard zijn dit vooral vorstinnen geweest, in ieder geval vrouwen met wereldse macht bekleed, met invloed en gezag in mannenzaken. Het viel mij op van hoevelen onder hen het beeld bepaald wordt door overleveringen van schandalen, uitspattingen, moord, verraad en geweld. Haast altijd worden er toespelingen gemaakt op hun uitzonderlijke zinnelijkheid of zedeloosheid. Semiramis, Cleopatra, Messalina, Poppaea Sabina, de Byzantijnse Theodora, de Merovingische Fredegonde, de Paus-dochter Lucrezia Borgia, Maria Stuart van Schotland staan te boek als verleidsters, berucht om het gemak waarmee zij listen beraamden, de gifbeker bereidden of sluipmoorden lieten uitvoeren.

Ik vraag mij af of het voor een vrouw wel mogelijk is zich een plaats te verwerven in de annalen van de geschiedenis, anders dan door haar tijdgenoten te schokken. Opzienbarende, zelfs afwijkende gedragingen schijnen een vereiste te zijn voor een vrouw die wil dat men zich haar herinnert. 'Goede' vrouwen uit de historie zijn naamloos, met andere woorden, die komen niet in de kronieken voor, tenzij zij heilig verklaard zijn, zoals Elisabeth van Thüringen, of moeders van heilige of beroemde mannen zijn geweest, zoals Monica die St. Augustinus baarde, of Helena die Constantijn de Grote voortbracht (en naar men zegt de vindplaats van het Kruis ontdekte); of zij waren de gezellinnen van helden en koningen en het beste wat men van hen kan zeggen is dat zij, evenals de Lacedaemoniërs in de bekende versregels over de slag bij Marathon, 'de wetten gehoorzaamd hebben'. Wanneer een vrouw heerst door verstand en wilskracht (en daarbij niet in opvallende mate de gebruikelijke aantrekkelijkheden van onze sekse bezit), prijst men haar, maar twijfelt aan haar vrouwzijn. Heeft men niet Elizabeth, eertijds koningin van Engeland, voor een man in vermomming versleten, en de Zweedse Christina koudbloedig, geslachtloos, of slechts gevoelig voor vrouwenliefde genoemd? Heette Catarina Sforza, die driehonderd jaar geleden met succes de vesting Forli verdedigde, niet 'virago', manwijf? Jeanne d'Arc kon alleen aanvaard worden als heks of heilige, niet als een maagdelijke vrouw met een eigen opvatting over, en een ongewoon gezag in zaken van strategie en staatkunde. De huidige keizerin van Rusland, Catharina, is naar men zegt een van de meest scherpzinnige geesten van onze eeuw, een vrouw die niet alleen met verstand en energie regeert, maar ook filosofische werken en zelfs drama's schrijft. En dus laat men – dezelfde 'men' die haar het predikaat De Grote pleegt te verlenen – niet na steeds weer de aandacht te vestigen op haar zogenaamde heerszucht in amoureuze aangelegenheden, en te monkelen over de jeugd van haar gunstelingen. Wat in iedere heerser van het mannelijk geslacht vanzelfsprekend wordt gevonden, zozeer dat de positie van diens officiële minnares de op één na hoogste is die een vrouw in het koninkrijk Frankrijk kan bereiken, lijkt een reden tot onverholen spot en afkeer, zodra het over een *heerseres* gaat. Het wordt daarentegen niet beschamend geacht dat jonge hooggeboren vrouwen zich door een eerzuchtige achterban of door hun eigen verlangen naar de glorie van het hofleven, in het bed van een man laten manoeuvreren omtrent wie zij niets anders weten, of willen weten, dan dat hij de koning is, de opperste machthebber. In hoge mate ontmoedigend voor ons geslacht heb ik altijd de histories over het komen en gaan van deze dames gevonden. Eerst gevierd, gevleid, overladen met gunstbewijzen, kostbaarheden, titels, dan dagelijks geconfronteerd met intriges van vijanden en mededingsters, blootgesteld aan beledigingen en vernederingen, gedwongen tot nooit eindigend vertoon, verplicht bevallingen en miskramen en andere kwalen en ongemakken te doorstaan zonder ooit een ogenblik te kort te schieten in aandacht voor de koninklijke minnaar en in discretie ten opzichte van zijn familie en het Hof; tenslotte, niet zelden van de ene dag op de andere, verstoten, vervangen door een nieuwe favoriete, afgescheept met een pensioen, weggewerkt op een afgelegen landgoed of in een klooster. De macht van de maîtresse is afhankelijk van de geslachtelijke gunst van de koning, zoals de macht van de gastvrouwen der literaire salons afhankelijk is van de waardering van geleerde en anderszins beroemde mannen voor het intellectuele klimaat dat er heerst, dat wil zeggen: voor elkaar.

In een nacht, toen ik niet slapen kon, bedacht ik dat men zich eigenlijk niet mag verbazen over het heimelijke karakter van door vrouwen gepleegde misdrijven. Die heimelijkheid (noodzaak waar macht ontbreekt en kracht tekortschiet) geeft haar handelen de bijsmaak van perfidie, die in zo hoge mate de woede en verachting der mannen pleegt te wekken. Wie middelen en mogelijkheden in het verborgene moet zoeken, kan niet kieskeurig zijn. Toen madame de Montespan, na zich vele jaren lang zeker gevoeld te hebben van de hartstocht van de Zonnekoning, en overtuigd van zijn respect, omdat zij tenslotte de moeder was van een half dozijn van zijn kinderen, merkte dat hij genoeg van haar begon te krijgen (zij 'had haar tijd gehad'), ging zij, als zovele wanhopige domme vrouwen, voor een liefdesdrank te rade bij een oplichtster en gifmengster, het wijf La Voisin. In mijn jeugd werd er nog telkens gesproken over die onverkwikkelijke affaire, die zich toen een halve eeuw geleden had afgespeeld. Ik heb begrepen dat het aan het Hof, onder Italiaanse invloed, niet ongebruikelijk was persoonlijke vijanden met behulp van vergiftigde handschoenen, reukwerk of lekkernijen uit de weg te ruimen. Meestal werd er zo min mogelijk ruchtbaarheid aan gegeven aangezien er bij deze zaken aanzienlijke *mannelijke* hovelingen betrokken waren. Als gevolg van het impulsieve, onvoorzichtige optreden van madame de Montespan kwam heel de Parijse onderwereld van beoefenaars der zwarte magie aan het daglicht. Ik weet niet wat dwazer en verbijsterender is: de goedgelovigheid van de dames die goud betaalden voor allerlei brouwsels, bedoeld om een geliefde blijvend aan zich te binden (alle grote namen van Frankrijk waren in de processen-verbaal vertegenwoordigd), of de walgelijke praktijken van La Voisin bij de bereiding en 'wijding' van die dranken en poeders. Stellig hebben die verhalen over zwarte missen ertoe bijgedragen, dat ik destijds al besloot mij voor het bereiken van een gesteld doel nooit op iets anders te verlaten dan op mijn verstand. Ik ben overigens ook van mening dat de kunst van de misleiding (let wel, ik spreek niet van mis*doen*) het legitieme wapen is van ons vrouwen, aan wie het dragen van degen, dolk en pistolen nu eenmaal niet is toegestaan en wie sinds het begin der tijden wordt voorgehouden dat haar 'eer' uitsluitend in het verborgene zetelt, namelijk in haar geslacht!

9 *Aan de markiezin de Merteuil*

In uw jeugd, mevrouw, stond Frankrijk in het teken van madame de Pompadour. Al wat haar betrof was zozeer gemeengoed geworden, dat u, als u dat wilde, haar loopbaan had kunnen bestuderen als voorbeeld van wat er te bereiken viel voor een vrouw die haar vrouwzijn intelligent en creatief wist te gebruiken. Nog nooit was het voorgekomen dat een bourgeoise was opgeklommen tot de rang van 's konings maîtresse-en-titre, sterker: haar positie bleef meer dan twintig jaar lang die van niet-officiële levensgezellin. Zij was vertrouwelinge, minnares en minister in één persoon verenigd. Jeanne Antoinette Poisson had, zoals u wel weet, deze uitzonderlijk invloedrijke status niet cadeau gekregen. In een van uw brieven in *Les liaisons dangereuses* schrijft u: ik kan met recht zeggen dat ik mijn eigen schepping ben. Ook zij kon zonder overdrijving die woorden in de mond nemen. In bepaalde opzichten is er een parallel te trekken tussen haar benadering van het eigen materiaal en de uwe. Zij was, zoals u, gracieus, geestig, levendig, had een goed verstand, een uitstekende smaak en tal van talenten, die zij van jongs af zorgvuldig ontwikkelde, omdat zij er zonder meer van uitging dat haar een grote toekomst wachtte. Zij liet zich (door tussenkomst van een schatrijke huisvriend van haar ouders) uithuwelijken aan een jonge patriciër; zij had een woning in Parijs, een kasteel buiten, koetsen en paarden, juwelen en de elegantste kleren van haar tijd; zij zong, danste en acteerde als een volleerde artieste in haar privé-theater, en hield een literaire salon waar onder anderen Voltaire zich graag vertoonde. (U zou dit allemaal kunnen weten, maar ik ben er na uw uitlatingen over minnaressen van Franse koningen zeker van, dat u destijds met name deze vertegenwoordigster van de soort met een mengsel van geringschatting en geamuseerde tolerantie, echter zonder werkelijke belangstelling voor haar persoonlijkheid bekeken hebt.) Haar reputatie van onderhoudende gastvrouw én gast bezorgde haar uitnodigingen voor aristocratische ontvangsten. Als buur van de koning (haar buitenhuis grensde aan zijn jachtgebied) had zij het recht hem en zijn stoet op een afstand te volgen, wanneer hij achter de herten aanzat. Maar zij volgde niet, zij zorgde ervoor dat zij hem telkens weer tegenkwam, opvallend sierlijk in een open wagentje met een span paarden dat zij zelf mende. (Dat verhaal moet u zeker gehoord hebben toen u een kind was! De koning vroeg wie die verschijning toch was, een nimf van Artemis of de jachtgodin zelf? Hij stuurde haar in het vervolg wel eens wild voor haar keuken.) Later werd zij gesignaleerd op hofbals; de koning danste met haar. Zij werd een vaste bezoekster van Versailles. Nog weer een paar maanden, en zij woonde daar ook, in een reeks kamers boven die van Lodewijk xv. Toen u, mevrouw, de favoriete van de koning leerde kennen, was zij al in haar nadagen. Ondanks haar slechte gezondheid week zij niet van haar post en bleef zij met onvoorstelbare inspanning de rol spelen van in wezen eerste vrouw van Frankrijk: voor de koning onmisbaar opgewekt gezelschap, voor politici een tactvolle bemiddelaarster, voor kunstenaars een deskundige en royale opdrachtgeefster. Vaak moet u, in het begin van uw huwelijk, in een van de galerijen of op de weidse terrassen van Versailles, waar uw echtgenoot u mee naar toe genomen had om u aan zijn kennissen voor te stellen, in een revérence neergezonken zijn als de koning voorbijging, met aan zijn zijde die tengere vrouw, broos en wit als porselein onder haar rouge, maar intens, en met steeds speurbare, ijzeren wilskracht betrokken bij al wat er gebeurde. Spot en kritiek van uwsgelijken verstomden telkens weer door de indruk die haar uiterlijke verschijning maakte (een triomf van verfijnde kleedkunst, haar portretten getuigen ervan) en door haar ontwapenend gevoel voor humor. Hebt u van die spreekwoordelijk geworden smaak en zelfbeheersing niet het een en ander geleerd? Madame de Pompadour stierf in 1756; ik stel mij voor dat u toen juist in de provincie woonde, op het kasteel van de markies de Merteuil. Zelfs in de streek

van de Drôme zullen de mensen zich bij het verne-
men van dat doodsbericht beziggehouden hebben met
de vraag wie haar moest opvolgen: een actuele zaak,
aangezien veel benoemingen en gunstverleningen uitsluitend door tussenkomst van de maîtresse-en-titre
werden geregeld (ik hoef u niets te vertellen over de
felle concurrentiestrijd tussen dames van rang en talent, die de functie begeerden). Natuurlijk is het nooit
ook maar één enkel ogenblik in uw hoofd opgekomen
naar die plaats te streven, al beschikte u over de eigenschappen om in aanmerking te komen (hoewel: de
koning hield bovenal van intieme huiselijke warmte,
en dat was bepaald niet uw specialiteit). Madame de
Pompadour was zonder twijfel een toonbeeld van on-
geëvenaard maatschappelijk slagen voor een vrouw in
de werkelijkheid van de achttiende eeuw. *U* bent toen
alleen mogelijk geweest in fictie. Uw schepper Laclos
heeft scherp aangevoeld dat een vrouw die wilde wat u
wilde, in zijn tijd met gesloten vizier moest opereren.
Het heimelijke, onnatuurlijke van uw bestaan werd u
opgedrongen door uw milieu, dat de vrouw slechts als
lustobject waardeerde. U bent misschien, meer dan
wat anders ook, een symbool van verfijnde corruptie,
gedenatureerde gaven van geest en gevoel. Madame
de Pompadour had haar succes vooral te danken aan
haar goedburgerlijke mentaliteit, met respect van-
huis-uit voor natuurlijkheid, innerlijk fatsoen en vlijt
als grondslagen voor menswaardig gedrag. U, de geboren aristocrate, ontplooide zich – gedeeltelijk onbe-

wust, uit weerzin tegen de deugden van een klasse in opkomst – tot een *negatieve* Pompadour, heersend in een schaduwrijk, tot verderf van uw soortgenoten en van u zelf.

U hebt een aantal voorbeelden opgesomd van historische beruchte vrouwen, hooggeplaatste personages allemaal, die betrokken waren bij staatkundige en hofschandalen, en dus ook bij de manier waarop dergelijke zaken in een ver verleden gewoonlijk werden afgewikkeld. In hun kwaliteit van *vrouw* zullen die heerseressen zich hoe dan ook altijd onveilig gevoeld hebben; vandaar misschien dat zij naar verhouding vaker dan de gemiddelde man in vergelijkbare omstandigheden van heimelijke wapens gebruikmaakten. Maar moet men hen misdadigsters noemen? Achter madame de Montespan zie ik in gedachten een stoet van vrouwen oprijzen, tot in de diepte der tijden toe, die uit angst voor of wanhoop over liefdesverlies in staat waren misdrijven te begaan of toe te staan. Waren dit daarom zonder meer slechte vrouwen? Was La Voisin, een lepe volksvrouw die met haar handlangers klinkende munt wist te slaan uit de emoties van een klasse die tijd en geld te over had voor liefdesavonturen, een duidelijk crimineel type? Het verbaast mij, mevrouw, dat u met geen woord rept van de markiezin de Brinvilliers, die in de tijd van die gifschandalen, aan het einde van de zeventiende eeuw, in het openbaar in Parijs werd terechtgesteld. Zij had haar vader, twee broers en nog een aantal mensen uit haar naaste omgeving, met arsenicum om het leven gebracht. Haar motieven: een groter aandeel in de erfenis en ergernis om persoonlijke krenkingen, staan in geen enkele verhouding tot haar methoden en het resultaat dat zij daarmee bereikte. Men beschrijft haar als een kleine, frêle, bekoorlijke vrouw, blond met blauwe ogen, op en top een aristocrate, die als een liefdadige engel door de Parijse armenhuizen waarde, en daar met vergif toebereide hapjes uitdeelde om het effect van verschillende doses in natura te kunnen bestuderen. Later, tijdens haar proces en gevangenschap, waren er nog steeds mensen die – hoewel zij onmogelijk aan haar onschuld konden geloven – de grootste bewondering aan de dag legden voor haar moed en tegenwoordigheid van geest. Zelfs in de martelkamer gaf zij blijk van ironische distantie. Toen zij naar haar terechtstelling werd gereden, becommentarieerde zij koeltjes de 'ziekelijke nieuwsgierigheid' van de toegestroomde menigte. Misschien hebben wij in haar geval te maken met de vorm van ongevoeligheid die in mijn tijd een kenmerkend aspect van het echt criminele karakter wordt genoemd.

De misdadigheid van de vrouw is een voor het grootste deel nog onverkend terrein. Zolang de vrouw vooral beschouwd werd als het menselijke wezen dat ondergeschikt aan en afhankelijk van de man was, en geen rechten, en uitsluitend huishoudelijke (en enkele godsdienstige) plichten bezat, kwam haar eventueel misdadigzijn, met de consequentie van door wereldlijke justitie grijpbaar en strafbaar zijn, niet aan de orde. In de Oudheid en de Middeleeuwen werden vrouwen immers binnenshuis, dat wil zeggen door haar wettige eigenaars, haar echtgenoten en mannelijke bloedverwanten, berecht. Alleen een mens die vrij is om al dan niet te handelen, en die bovendien verantwoordelijk wordt geacht voor zijn daden, kan een misdaad begaan. U hebt in een van uw bespiegelingen iets gezegd dat mij getroffen heeft: 'slechte' vrouwen heten zij die met handelen reageren. Als vrouwen officieel aangeklaagd en veroordeeld kunnen worden, betekent dat dan dat zij als handelingsbekwaam worden beschouwd, en dat hun doen en laten au sérieux wordt genomen? Vanaf het einde der Middeleeuwen tot in uw tijd toe hebben er heksenprocessen plaatsgevonden, waarbij de beschuldigden – voor het overgrote deel vrouwen – terechtstonden, niet voor wat zij gedaan hadden, maar voor wat zij waren, of liever, voor wat anderen in hen verkozen te zien. Vrouwen (van oudsher beschouwd als belichaming van de natuur, het irrationele) genoten de twijfelachtige eer in een tijdperk met toenemende, maar nog geenszins algemeen erkende belangstelling voor de geheimen van lichaam en geest, door de innerlijk onzekeren gevreesd te worden als 'zwakke vaten', toegankelijk voor de inblazingen van de Boze. Onlangs hoorde ik de stelling verkondigen dat ook concurrentieangst van mannelijke alchemisten ten grondslag zou liggen aan de vervolging van vrouwelijke 'heksen'. Er kwam een element bij dat u al even hebt gesignaleerd: vrouwen die opvallen door (algauw als uitdagend gekwalificeerde) aantrekkelijkheid, of door een sterke of originele persoonlijkheid, kunnen buitengewoon negatieve gevoelens opwekken. Altijd speelt het geslachtelijke een rol in de beoordeling. Er bestaat een neiging om vrouwen die door wat dan ook de aandacht trekken, te verdenken van een 'abnormaal' ontwikkelde of afwijkende seksualiteit. Niet zo lang geleden verklaarde een advocaat in een geruchtmakend proces in Duitsland, dat 'een vrouw die een vrijgevochten seksueel leven leidt, ook tot misdaden in staat geacht kan worden'.

Waar het begaan van misdrijven over het algemeen beschouwd wordt als een typisch mannelijke vorm van negatief gedrag, een uiting van mannelijk protest en mannelijke agressie, ligt het voor de hand dat men – althans tot voor kort – een vrouw die zich aan een ernstig vergrijp schuldig gemaakt had, niet als een 'echte' vrouw kon zien. Sinds men aandacht aan het probleem is gaan besteden (nu ongeveer een eeuw geleden), hebben geleerden die de misdaad bestuderen een keur van argumenten aangedragen om aan te tonen dat (en te verklaren waarom) de criminaliteit van mannen en die van vrouwen niet met elkaar vergeleken kunnen worden. Men stuit daarbij op tegenstrijdige beweringen. De vrouw zou door haar kleinere herseninhoud eenvoudiger van geestelijke structuur zijn, hetgeen betekent dat zij niet zo snel het initiatief neemt, en minder neiging en aanleg toont tot uitersten van genie en waanzin; zij zou zich van nature gemakkelijker aanpassen, als gevolg van haar geringere lichaamskracht afkerig zijn van geweld, meer schroom en een sterker ontwikkeld schaamtegevoel hebben, waardoor zij van amorele handelingen weerhouden wordt; anderzijds zou zij dichterbij de oermens staan dan de man, en dus minder gedegenereerd behoeven te zijn dan hij om tot crimineel gedrag te komen; huichelen en bedriegen zijn haar als het ware aangeboren; als zij eenmaal op het slechte pad is, geeft zij blijk van groter uithoudings- en doorzettingsvermogen; omdat zij (meestal toch wel) leeft in de betrekkelijke beslotenheid van gezin en familie, wordt een vrouw die in die sfeer een misdrijf pleegt vaak niet betrapt of zelfs maar verdacht; vrouwelijke misdaden zijn indirect: aanstichting, negatieve beïnvloeding, medeplichtigheid-op-de-achtergrond; de criminele vrouw wordt niet als zodanig herkend, blijft buiten schot. Het viel mij op hoe dikwijls men prostitutie de meest karakteristieke vorm van vrouwelijke criminaliteit noemt.

Door vrouwen begane *geweld*misdrijven behoorden tot voor kort overwegend tot de 'crimes passionnels' en werden – met name in uw land, Frankrijk – gewoonlijk tamelijk mild bestraft. Haast altijd immers kwam de 'jaloezie' ter sprake, die betreurenswaardige reactie van de vrouw op als typisch mannelijk beschouwd gedrag. De vrouwelijke emotionaliteit, haar onvermogen tot werkelijk begrijpen op juist dit gebied, golden dan als verzachtende omstandigheden. Veel vrouwelijke verdachten hebben zo voordeel getrokken uit in wezen negatieve factoren als heimelijk mannelijk schuldbesef en uitgesproken discriminatie jegens haar gevoelsleven.

Pas betrekkelijk kort geleden heeft men aandacht gekregen voor het bittere innerlijke lijden, dat vaak ten onrechte voor jaloersheid wordt versleten. Het misdrijf waarin die pijn – helaas – een uitweg zoekt, is dan niet zozeer wraakoefening als wel een laatste schreeuw-om-gehoor van een mens uit wiens bestaan de bodem weggeslagen lijkt. Ik geloof dat men zich er, juist naar aanleiding van de liefdesjaloezie van de vrouw, eens in zou moeten verdiepen wat het ware of vermeende verliezen van de ander eigenlijk betekent. Is het niet onrechtvaardig, altijd verklaringen te willen zoeken in bezitsdrang of zucht tot domineren van de jaloerse partner? (Als men genoeg van iemand heeft, ondergaat men algauw iedere toenaderingspoging van die kant als opdringerigheid en dwang.) Zijn 'scènes' en uitbarstingen niet vaak wanhopige pogingen de ge-meenschappelijkheid, de twee-eenheid, die eens be-stond of scheen te bestaan, te herstellen en letterlijk de *deelneming* van de ander op te wekken? Het gevoel van vervulling is de meest wezenlijke ervaring voor wie liefheeft. Ik heb eens gelezen: liefde is beweging vanuit niet-zijn naar zijn. Wanneer men beseft dat die staat van vervulling in ontbinding verkeert, doet dat onmenselijke pijn. Het is de gewaarwording van uit-gestoten-, verloren-zijn, van ineenkrimpen, leegte, val. Ik zou u vele voorbeelden kunnen noemen van vrouwelijk reageren op liefdesverlies aan de hand van de berichtgeving over strafprocessen die in de afgelopen honderd jaar hebben plaatsgevonden. Maar, mevrouw, ik kan u geen voorstelling bijbrengen van het leven van de doorsnee burger zo lang na uw tijd; niet alleen het maatschappelijke klimaat en de individuele omstandigheden, maar vooral ook de gedachten en de instelling van de mensen nu zijn voor u niet invoelbaar. De Romantische verheviging van de gevoelens, de Victoriaanse verdringing der driften, de opeenvolgende sociale en geestelijke emancipatiegolven in mijn eeuw, dat zijn allemaal factoren die een voor u onverklaarbaar gedrag beïnvloed hebben. De schuldig bevonden vrouwen op wie ik doelde, beschouwden in het merendeel der gevallen de verhouding tot een man, tot één man, als zo bepalend voor hun gevoel een zelf te zijn, een onvervangbare, eigen plaats in de werkelijkheid in te nemen, dat zijn ontrouw en/of weggaan (dat wil zeggen zijn geringschatting van wat voor haar het essentiële was) als onverdraaglijk werd ervaren. Opvallend in deze treurige geschiedenissen is de gewoonlijk slappe, laffe, onverschillige of ronduit onbarmhartige houding van de mannen in kwestie. Sommige criminologen beweren dat vrouwen die in staat zijn tot het plegen van misdrijven juist in de ban raken van mannen met een zwak of zelfs verknipt karakter. Blijkt nu uit de liefdeskeuze van die vrouwen een 'soort zoekt soort', een van nature ongunstige wezensgesteldheid?

Of behoren zij soms tot de mensen met zo weinig zelfvertrouwen, zoveel innerlijke onzekerheden, of zo schromelijke tekorten in opvoeding en achtergrond, dat zij zich met huid en haar kunnen uitleveren aan de eerste de beste (en meestal is dat de slechtste) die aandacht aan haar besteedt of schijnt te besteden? Mannen die zich in de omgang met zelfstandiger, minder kwetsbare vrouwen misschien als enigszins kleurloze, zelfs geremde persoonlijkheden hadden doen kennen, zien zich nu bekleed met een overwicht, een macht, die hun eerst naar het hoofd stijgt, maar dan bezwaart, in paniek brengt, en niet zelden hun meest kwalijke eigenschappen wakker roept. Dat slachtoffers-in-aanleg en kwellers-uit-onmacht elkaar weten te vinden, dat de gekwelden tot beulen kunnen worden, en de kwellers op hun beurt als slachtoffers eindigen, moet ook u bekend zijn, want die vicieuze cirkel is van alle tijden.

Wat zou ik verder nog moeten zeggen, mevrouw, over de 'vrouwelijke' misdadigheid? Ik behoor tot degenen die uit persoonlijke belangstelling naar inzicht in mensen streven, en niet tot de ziel- en misdaadkundigen van beroep; bovendien ontbreekt het mij aan scholing en ervaring op het gebied van de rechtspraak. Dievegges, oplichtsters: dat zijn kwalificaties die in mijn tijd minder snel worden gebruikt, en – vooral – tot minder drastische kastijdingen leiden dan in de uwe. Stelen uit gebrek, stelen uit behoefte een innerlijke honger te stillen, zijn vormen van asociaal gedrag die tegenwoordig eerder als een ongeluk of een ziekte worden beschouwd dan als misdaden. Vrouwen die in winkels stelen zijn vaak slachtoffers van het opdringerig aanprijzen en uitstallen van waren, of van stoornissen in wat *uw* doktoren ongetwijfeld als 'intieme humeuren' plachten aan te duiden; vrouwen (en zij niet alleen) die oplichting plegen blijken dikwijls in een overmaat van fantasie een tegenwicht te zoeken voor het ontbreken van opleidingskansen of ontplooiingsmogelijkheden, voorzover zij niet geestelijk gestoord zijn. (En dat laatste, mevrouw, is niet zoals in uw dagen een bron van publiek vermaak.) Gifmengsters zou ik u in overvloed kunnen opsommen, vanaf de beruchte Duitse Gesche Gottfried in het begin van de vorige eeuw, via uw landgenote Marie Besnard, die enkele decenniën geleden haar halve familie uitroeide, tot en met de vrouwen die nieuw-uitgevonden middelen ter verdelging van ongedierte en onkruid in de landbouw gebruiken om gehate naasten om het leven te brengen. Bij dit soort van misdaden valt op dat het meestal gaat om geld, om het verwerven van meer bezit.

In de opvatting dat vrouwen zelden of nooit in staat zijn tot directe geweldpleging, tot moord en doodslag met behulp van schiet- en steekwapens, is verandering gekomen, sinds vrouwen in toenemende mate betrokken blijken bij wat men tegenwoordig 'harde' politieke actie noemt. Ook in uw tijd (en daarvoor) hebben vrouwen wel eens tegen wie in hun ogen vijanden van hun volk, vooruitgang, of van Recht en Orde waren, de wapens opgenomen. Charlotte Corday, uw land- en tijdgenote, vermoordde in 1793 de fanatieke revolutionaire voorman Marat; ongeveer honderd jaar later ontstond er in het Rusland van de tsaren een verzetsbeweging: voor het merendeel jonge mensen, studenten, intellectuelen, begingen gewelddaden om de starre bureaucratische en militaire macht van het regime aan het wankelen te brengen en de aandacht van de beschaafde wereld te vestigen op nog geheel middeleeuwse verschillen tussen het volk en de heersende klasse; bij die 'terroristen' bevonden zich van het begin af ook vrouwen. *Pétroleuses* was de benaming die men omstreeks diezelfde tijd in uw land gaf aan vrouwen die meededen aan het plegen van aanslagen en verwoestingen in het kader van sabotage. Vrouwen hebben op grote schaal deelgenomen aan de revoluties, opstanden, officiële en illegale oorlogvoering in mijn eeuw. Het feit dat steeds meer vrouwen betrokken blijken bij gewapende overvallen, kinderroof, het ontvoeren en mishandelen van mensen (veelal met politieke of in elk geval ideologische bedoelingen), wordt door deskundigen beschouwd als een teken van voortschrijdende emancipatie. Gerichte haat- of wraakgevoelens spelen vaak geen enkele rol in deze uitingen van agressie, de slachtoffers zijn voor de daders niet zelden volslagen onbekenden. Misschien is dit harde, onpersoonlijke optreden ter wille van een idee of een theorie voor vrouwen een nieuw gedragspatroon. Of bewijst het alleen dat de vrouw voorlopig nog slechts op het laagste niveau, dat van medeplichtigheid aan geweld, een hulp en kameraad van de man kan zijn? Men heeft er wel op gewezen dat de bij dergelijke terreuracties betrokken vrouwen haast allen een liefdesrelatie hebben met, althans seksueel gebonden zijn (niet zelden in een vorm van haast infantiele afhankelijkheid) aan leiders of andere mannelijke leden van de groep. Dat lijkt mij op zichzelf geen nieuw verschijnsel; in de sfeer van de brute misdaad hebben altijd de liefjes en vrouwelijke verwanten van boeven en gangsters meege'werkt', als gold het een bedrijf. Nieuw is alleen de snelle groei van het verschijnsel op zoveel andere gebieden behalve dat van de erkende onderwereld.

Mevrouw, mag men, zoals wel gedaan is, *u* betichten van een misdadig karakter? Ongetwijfeld hebt u, zij het dan niet door fysiek geweld, een bijzonder funeste dwang uitgeoefend op mensen die u nooit kwaad gedaan hadden. Was u vóór alles een *niet*-slachtoffer, in tegenstelling tot Cécile de Volanges en madame de Tourvel? *Zij* belichamen als het ware twee opeenvolgende fasen van het vrouwzijn in uw tijd en milieu, waar u – bewust weerbaar – doorheen gegroeid bent zonder dupe te worden, zoals zij. Vergis ik mij wanneer ik denk dat uw teleurstelling, uw verbittering, uw gevoel van machteloosheid en leegte, ja, uw *jaloezie*, mevrouw, er ondanks alle schijn van het tegendeel niet minder om zijn geweest?

Had u maar een vertrouwelinge gehad als Belle

van Zuylen! Van haar, Franstalige aristocrate uit het land met het klare, koele daglicht, had u kunnen leren hoe een vrouw op gepassioneerde wijze afstand kan bewaren tot een geliefde man, zonder te vervallen in wrede koketterie of misleiding. U zult wel vinden dat de latere madame de Charrière en u onvergelijkbare grootheden zijn, omdat zij niet bepaald met een sensueel temperament gezegend was. Maar is dat wel zo? En het blijft de vraag, of een vrouw als zij haar gedachteleven had willen blootleggen voor een vrouw als u.

10 *De markiezin de Merteuil*

Het voorstellingsvermogen waarmee de Natuur de mens heeft uitgerust (dat overigens lang niet bij iedereen even sterk ontwikkeld is), kan een goed hulpmiddel zijn bij het opzetten en uitwerken van projecten, en aardig speelgoed voor ledige ogenblikken. Wat kan men al niet bedenken! Maar vaak – tenminste, dit heeft waarneming mij geleerd – moet de voorstelling dienen om handelen dat in werkelijkheid niet mogelijk is te vervangen, en blijken de beelden die men in gedachten oproept, iets heel anders te zijn dan louter tijdverdrijf. Dit *fantasmeren* (want zo wil ik het verwekken van fantasmen noemen, in tegenstelling tot het doelgerichte zich-iets-voorstellen) betekent voor zogenaamde sensitieve personen een groot gevaar. Die valkuil heb ik tijdig onderkend. Al toen ik een jong meisje was, gingen mijn voorstellingsvermogen, mijn verstand en mijn weetgierigheid hand in hand; dat heeft mij ervoor behoed een Cécile de Volanges te worden, met wie ik ongetwijfeld een zeker 'naturel' gemeen heb. Zij heeft zich nooit toegelegd op kennis omtrent zichzelf en anderen, en zij kon zich niet beheersen; troebele, want onbewuste, genotzucht verleidde het behaagzieke persoontje tot dwaasheden. Tegenover mij babbelde zij destijds honderduit; ik kende haar fantasmen, die zij als dromen en mijmerijen presenteerde. Ik heb mij vaak verbaasd over de gretigheid waarmee zij zich overleverde aan wat zij zich, bij gebrek aan de ware studiezin, niet kon voorstellen – een neiging van het jonge bruidje van de Gercourt die mij goed te stade kwam in verband met het lot dat ik haar had toegedacht. Evenmin had er uit mij ooit een madame de Tourvel kunnen groeien. Jawel, *ik noem haar nu*; het stemt mij onbehaaglijk te weten dat wellicht deze of gene mij van een fantasme in verband met háár zou kunnen verdenken, omdat ik haar naam niet wilde schrijven. Voilà: madame de Tourvel, dus. Mijn behoefte te onderzoeken, mijn zorgvuldig gescherpte blik en gehoor, zouden mij onder alle omstandigheden belet hebben een spinsel van illusies te weven rondom Valmont, zoals zij dat heeft gedaan. Had zij ook maar één grein voorstellingsvermogen bezeten, dan zou zij, in haar situatie en gegeven haar karakter, geen liefde voor Valmont opgevat hebben. Haar zwakke punt was juist dat zij zich geen voorstelling kon maken van een man als hij. En Valmont zelf – zou hij geweest zijn die hij was, als hij zich had kunnen voorstellen hoe vrouwen zijn, en hoe en waarom al zijn 'objecten' voor hem plachten te zwichten? Verving bij Valmont die prikkelende verbeelding niet een innerlijke scheppingskracht, het vermogen één relatie, één liaison te vormen tot een veelkantig, beweeglijk, veranderend geheel, dat onophoudelijk tot nieuwe opgaven en dus tot zelfontplooiing leidt?

Ik stel mij voor: een Cécile de Volanges (maar zonder de ondoordachte zinnelijkheid van dat schepseltje) die zich ontwikkeld heeft tot een madame de Tourvel (maar dan zonder de verheven braafheid en de overdreven schroom die háár kenmerkten) en op een gegeven ogenblik verenigd wordt met een Valmont die de rouerie mist om zijn erotische ambities in praktijk te brengen, dus trouw is, en in wezen sentimenteel. Gesteld nu dat dit paar behept is met de 'fantasie' die ik hierboven omschreef, hetgeen betekent dat zij elkaar niet zien zoals zij werkelijk zijn. Wat zij zich omtrent hem niet kan voorstellen, voelt zij aan als iets onverklaarbaars, ongrijpbaars; dat bezorgt haar van tijd tot tijd een vage angst: is hij wel echt gelukkig met haar? Hij van zijn kant maakt er haar in zijn hart een verwijt van dat zij hem niet alle andere vrouwen doet vergeten, ik bedoel: dat zij niet in staat is zijn fantasie steeds opnieuw in werking te brengen en bezig te houden. Soms vergeeft hij het haar niet dat zij zijn sentiment opwekt, want sentiment leidt tot consideratie, en dat gaat ten koste van hem zelf. Dat hij haar moet hoogachten, maakt hem prikkelbaar; dat zij hem liefheeft op de wijze der vrouwen voelt hij vaak als een last. Gesteld dat zo een man op een dag – misschien als het tot hem doordringt dat hij weldra zijn 'tijd gehad zal hebben' – in vuur en vlam ontsteekt voor een andere vrouw, niet beter en niet slechter dan degene die hij de zijne noemt, maar onbekend, hetgeen dus een aanleiding vormt tot fantasmeren, tot die gevaarlijke bezigheid die, zoals ik al zei, wérkelijk handelen vervangt. (Meestal willen dergelijke dromers tot geen prijs het kostelijke fantoom verwezenlijkt zien; niets kan immers hun fantasie overtreffen!) Gesteld dat de man in kwestie zijn nieuwe aangebedene in verzen bezingt: de neerslag van zijn droom. Hij zendt haar die echter niet, ten eerste omdat hem de moed tot een zich blootgeven ontbreekt, vervolgens omdat hij een eventuele afwijzing niet zou kunnen verdragen, en tenslotte omdat het hem eigenlijk niet te doen is om een (gevaarlijke!) verhouding-van-vlees-en-bloed. De vrouw die hij – nog steeds – de zijne noemt, vindt bij toeval zijn dichterlijke ontboezemingen. Vraag mij niet hoe en waar: in een lade, die zij opent om een pijp lak, een cachet, te zoeken; in een jaszak, wanneer zij liefdevol het lukraak neergeworpen kledingstuk op passender wijze wil opbergen; verborgen tussen de bladzijden van een boek, dat zij niets vermoedend van de plank genomen heeft. Zo gaat dat immers? Ik stel mij voor dat zo een vrouw (niet 'braaf', niet preuts, niet dom, maar begiftigd met te veel gevoel), die alle kaarten van haar passie gezet heeft op haar verhouding tot die ene man en nooit eerder twijfelde aan zijn liefde, ter plekke bijkans bezwijkt van schrik en ellende: zij is, letterlijk, ontzet. Zij kan het zich niet voor-

stellen (alweer: omdat zij zichzelf noch haar mede-
mensen ooit scherp genoeg heeft geobserveerd) en
dus treedt haar fantasie in werking. In een opwelling
van onrust en twijfel ondervraagt zij de man van wie
zij houdt; begrijpelijk maar naïef! Natuurlijk ontkent
hij alles; de gevonden gedichten hebben betrekking
op dromen, zij zijn overgeschreven van poëten à la
mode, of vertaald uit het Spaans of Sanskriet, of het is
rijmelarij in opdracht van een verliefde vriend zonder
talent voor verzenmaken, enfin, wat kan iemand onder dergelijke omstandigheden al niet verzinnen!
Maar de angel steekt in het vlees; de ongelukkige
vrouw kan zich niet bevrijden van de argwaan die in de
plaats gekomen is voor haar vroegere, niet te definië-
ren gevoel van onbehagen. Met een juist voorstellingsvermogen gezegend, had zij kunnen berekenen
dat zij, op grond van de in zijn aard besloten remmin-
gen, niet in gevaar verkeert; een door haar plotseling
ondernomen reis naar verwanten in een afgelegen
provincie, van tevoren niet aangekondigde en achteraf
niet verklaarde, herhaaldelijke uithuizigheid van enkele uren, een weloverwogen van-hém-afwenden-
van-haar-aandacht (om nog te zwijgen van bijkomen-
de hulpmiddelen als ongebruikelijke veranderingen in
kleding en haardracht) zouden hem afleidend voedsel
voor zijn fantasie geboden hebben. Maar zij is, zoals
men dat noemt, oprecht, wars van die kleine kunstgre-
pen (die, dat moet ik toegeven, alleen dan slagen, wanneer men ze tot in de perfectie weet uit te voeren), zij

heeft haar gevoelens niet voldoende in bedwang om zich op een strategie toe te leggen; tranen, smeekbeden, sombere stemmingen, neerslachtigheid, heftige uitbarstingen zijn niet van de lucht. Gesteld dat hij tenslotte zijn ontrouw-in-de-geest bekent, waarvan zijn gedachten in toenemende mate vervuld raken (onvermijdelijk effect van háár optreden). Uit discretie weigert hij echter de identiteit van de andere te onthullen. Wel laat hij zich verleiden enkele gegevens te verstrekken over het uiterlijk van die dame, niet beseffend hoe daardoor de fantasmen van zijn gezellin hoog oplaaien. Datgene in hem wat zij zich nooit heeft kunnen voorstellen, neemt nu voor haar de gedaante aan van een vurige minnaar, wiens hartstocht echter *niet* háár geldt; een verleidelijke vreemdeling, die zij niet kan winnen, terwijl zij niets liever zou wensen dan juist dát. Haar leven wordt een kwelling. Overal waar zij komt, speurt zij naar de vrouw wier gezicht en gestalte beantwoorden aan zijn beschrijving, en met wie zij zich wil vergelijken, in de hoop te ontdekken waarin zijzelf tekortschiet. Tien maal per dag meent zij die andere te herkennen, in een voorbijrijdende koets, in de kerk, op een bal, tijdens de promenade. Zij komt ertoe onbekenden aan te staren, te volgen zelfs. De mensen in haar omgeving beginnen haar excentriek te vinden. Is zij in zijn gezelschap, dan gaan haar blikken de zijne achterna; elke glimlach, elke groet houdt zij voor een teken. Als hij niet bij haar is, tovert haar fantasie haar ontmoetingen voor ogen, die gekleurd zijn met haar eigen heimelijke wensen, met al wat zij zich omtrent zichzelf nooit heeft durven voorstellen. Er is iets in beweging gezet dat niet meer tot stilstand gebracht kan worden. Zijn op fantasie berustende 'vlam' (even kortstondig, even illusoir als een vuurpijl, een bonte sterrenregen die sissend uitdooft) heeft een veel heviger pendant gevonden in de uitslaande brand van háár gevoelens. Een dergelijke vrouw, die met hart en ziel, zoals dat in de taal van het sentiment heet, spontaan reageert op al wat haar overkomt, rust niet voor zij een toestand van zogenaamde volledige wederzijdse vertrouwelijkheid teweeggebracht heeft. Bekentenissen, openbaringen van diepste roerselen, zelfbeschuldigingen, beloften! Als ik mij deze gebeurtenissen voorstel, weet ik dat er voor de betrokkenen geen gelukkig (enfin, bevredigend) slot weggelegd kan zijn, tenzij wanneer zij er beiden in slagen zich te bevrijden van hun fantasmen. Ik betwijfel echter of een man en een vrouw van dat slag (er zijn er velen zo) in staat zijn tot inspanningen van de Rede. Ik zie háár, ook *na* de grote verzoeningsscène, nog altijd niet bij machte te herkennen hoezeer zijn escapade (die de naam niet verdient!) een schepping van zijn fantasie is geweest. Er leeft een andere, die zij tot elke prijs tenminste éénmaal wil zien, hetgeen ingewikkelde manipulaties vergt, indien de dame in kwestie niet tot de eigen kring van bekenden en relaties behoort. Ik kan mij een vrouw in een dergelijke pijnlijke situatie voorstellen; zij is bereid en in staat tot het uiterste te gaan, zich te vermommen, dienstboden om te kopen, spot en gevaar te trotseren, haar toevlucht te nemen tot de meest zonderlinge demarches, louter en alleen om een blik te kunnen slaan op degene die in elk geval een tijdlang het voorwerp van *zijn* verlangens is geweest, de belichaming van wat zij zelf niet is. Sterker nog: die andere, die zij met de dood van haar liefde vereenzelvigd heeft, wordt voor haar kortweg een symbool van de Dood zelf. De naam, de gelaatstrekken, het doen en laten van de andere, kan zij daarna niet meer uit haar gedachten – en dus uit haar fantasie – bannen. Er is letterlijk niets onder de zon dat haar niet op de een of andere manier aan het bestaan van die andere herinnert. Zij droomt 's nachts van de rivale, die er geen is, en zelfs in zijn armen waant zij zich bedreigd door een schim. Zij heeft zich geheel ingeleefd in de staat van verliefdheid, die voor hem geen rol meer speelt; en het tragikomische van de zaak is (zo gaat dat met de buiten de rede vallende driften en angsten), dat nu in omgekeerde richting háár gemoedsbeweging sterker dan ooit tevoren zijn rusteloosheid en onbehagen wekt, krachten die op hun beurt zijn fantasie prikkelen en hem opnieuw van haar verwijderen.

Kunnen lucide geesten met dergelijke mensen omgaan zonder hen vroeg of laat te manipuleren? Om plezier te hebben van hun eventuele charmes behoeft men slechts hun fantasie op de juiste wijze op gang te brengen. De afscheidsbrief naar beproefd model pleegt meestal wel na de nodige beroering een ogenblik van inkeer te brengen, maar men kan er zeker van zijn dat de 'slachtoffers' (als men hen tenminste zo mag noemen) uit zelfbehoud weer snel hun toevlucht zullen nemen tot het fantasmeren. Madame de Tourvel, bekneld in het keurs van edelaardigheid, dat haar tot een tweede natuur geworden was, kon zich de behandeling die zij ondervond niet voorstellen. Haar fantasie verhevigde aard en omvang van het gebeuren tot in het waanzinnige, en verslond al haar krachten. Willoos, bewusteloos gleed zij weg in de dood. Eigenlijk heeft Valmont hetzelfde gedaan. Zijn knecht Azolan, die bij het fatale duel aanwezig was, houdt vol dat Valmont geen enkele maal een uitval deed, nauwelijks pareerde, zich als het ware met opzet dodelijk liet treffen. Al wat mij sindsdien ter ore gekomen is, sterkt mij in mijn overtuiging dat ook hij zich de omstandigheden waarin hij verkeerde niet voor kon stellen, en ten prooi was aan fantasmen in de vorm van spijt, schaamte, wroeging. Helaas!

Ik wil hier eens en voor altijd zwart op wit zetten dat ik niet jaloers was op madame de Tourvel, om de eenvoudige reden dat ik mij van die vrouw reeds lang een voorstelling had gemaakt. Hierdoor was ik mij scherp bewust geworden van het verschil tussen haar en mij. Aanleg noch neiging hadden mij ooit in een met de hare vergelijkbare toestand kunnen brengen. Dat Valmont door de wijze waarop hij over haar dacht en aan mij over haar schreef ('om aanbiddelijk te zijn behoeft zij alleen zichzelf te wezen'), scheen te suggereren dat er eventueel vergelijkingen te trekken vielen tussen haar manier-van-zijn en mijn manier-van-doen, wekte in mij de ijskoude zekerheid dat hij – omtrent wiens karakter ik geen enkele illusie koesterde – ook als bondgenoot in het verleiden van domoren en idealisten had afgedaan. Ik heb tot op het ogenblik dat hij zijn preutse schone ontdekte inderdaad geloofd dat wij in onze benadering van 'rede'loze mannen en vrouwen althans van hetzelfde kaliber waren. Toen ik mij realiseerde dat dit niet het geval was, heb ik de associatie-ondanks-alles met hem voorgoed uit mijn leven geschrapt.

Evenmin als ik mij in mijn liaisons ooit de wet heb laten voorschrijven door lieden die geen weet hadden van de door mij gehuldigde beginselen, wens ik nu of later beoordeeld te worden vanuit standpunten die tot een geheel andere orde der dingen behoren. Alsof men mij met een kleffe, kleverige hand had aangeraakt, zo onderga ik de benadering door *gevoels*mensen die mij uit mijn context willen lichten. (Denkt men soms dat ik mijn plaats niet weet, dat letterlijke *buitenstaanders* mij met mijn lot kunnen verzoenen?)

Pogingen door deze en gene ondernomen om mij en mijn gedrag te verklaren, vind ik op zijn zachtst gezegd lachwekkend. Ik zeg niet dat alle uitleg van wat ik deed en sprak en schreef niet een kern van waarheid bevat. Misschien moet ik mij wel gevleid voelen, omdat belangstellende geesten zich zo herhaaldelijk in mijn bedoelingen hebben verdiept. Een gemankeerde grande amoureuse, een boetvaardige Magdalena, troost zoekend in boeken en bespiegelingen, de belichaming van de anti-Romantiek, een intrigante zonder ziel, wat meent men al niet in mij te kunnen zien! Ben ik, omdat ik in een roman besta, overgeleverd aan de fantasieën van lezers? Zou mij het vermogen ontzegd zijn een eigen leven te leiden, sinds de wereld die mij gevormd heeft en die het toneel was van mijn liaisons, mij heeft afgestoten? Het is mij plotseling zeer duidelijk geworden dat ik deze ballingschap, die mij opgedrongen is, niet behoef te aanvaarden.

Als het nu eens allemaal heel anders was geweest? Als ik nu eens, op die zomermiddag in 17.., mij vervelend in het door alle interessante lieden verlaten Parijs, en bovendien ongerust en woedend om het proces dat de erfgenamen van mijn overleden echtgenoot in de stad Dijon tegen mij hadden aangespannen (en dat zij waarschijnlijk zouden winnen, omdat zij zich verzekerd hadden van de gunst en bijstand van de rechtsgeleerde Président de Tourvel), ik herhaal, als ik nu eens op het idee was gekomen bij voorbaat een slag toe te brengen aan die vervelende man, door wiens uitspraak ik het fortuin zou kunnen kwijtraken dat ik als het mijne beschouwde. Als ik nu eens door een gemeenschappelijke kennis de Présidente (in het vervolg zal ik haar noemen) had laten overhalen om tijdens de afwezigheid van haar echtgenoot een veilig en gezond heenkomen te zoeken bij die oude dame op wie zij zo dol was – en waar, zoals ik al lang wist, ook Valmont logeerde. Gesteld dat ik mij al eerder had afgevraagd op welke wijze ik Valmont ertoe zou kunnen bewegen madame de Tourvel te verleiden, die hij tegenover mij meermalen een volstrekt onaantrekkelijk 'object' had genoemd; gesteld dat de huwelijksaankondiging van Cécile de Volanges met de graaf de Gercourt mij de weg gewezen had die ik moest inslaan: taquinerend het kersverse bruidje aanprijzen aan de al enige tijd werkeloze veroveraar Valmont en tegelijkertijd laten uitkomen welk een bagatel die verleiding zou betekenen, een en ander in de verwachting (waarin ik niet werd bedrogen) dat Valmont, geprikkeld door mijn toon en in zijn eer van roué aangetast, mij zou willen bewijzen tot welk een tour de force hij nog steeds in staat was door een aanval te wagen op de door haar zedigheid en devotie onneembaar geachte Présidente. Als nu alles eens exact zo verlopen was als ik dat heb gewild en bedacht, tot op het moment dat madame de Tourvel waanzinnig werd en stierf (had ik dat kunnen voorzien?). Door haar alle perken te buiten gaande reactie, door die inbreuk van overtrokken Romantiek in ons misschien corrupt, maar wel geordend milieu, is de zaak mij tenslotte toch uit de hand gelopen. De ontdekking van mijn brieven, de geruchten die in verband daarmee de ronde deden, ontnamen elk effect aan mijn plan de Président de Tourvel met de hartsgeheimen van zijn vrouw – zelfs nu zij overleden was! – te chanteren. Intussen had mijn reputatie een dusdanige knauw gekregen, dat die mijnheer de Tourvel zo mogelijk met nog meer nadruk mijn bankroet bezegelde. Ik weet niet wat er gebeurd zou zijn, als ik niet ongelukkigerwijs met de pokken besmet was. De ziekte bezorgde mij enig respijt, overigens alleen omdat niemand in mijn nabijheid durfde komen. Terwijl ik herstellende was, heb ik tot in details mijn vlucht voorbereid. De chasseur van Valmont, de brutale en vindingrijke Azolan, die genoeg wandaden (mij bekend) op zijn kerfstok had voor levenslange galeistraf, heeft mij, samen met enkele kornuiten uit de onderwereld van Parijs, geholpen. Vermomd als gerechtsambtenaren, voorzien van een vervalst dwangbevel, hebben zij (in de mening dat het ging om eigendommen van Valmont, die niet in handen van de Merteuils mochten vallen) de vele koffers met zilverwerk onder de ogen van mijn bewakers weggedragen en op een vertrouwd adres opgeslagen. Ik hoefde niet bang te zijn dat zij de koffers (waarvan de inhoud hun onbekend was) zouden openmaken of stelen; zij geloofden mijn bewering dat de erfgenamen van Valmont, die zelf deze coup niet konden uitvoeren, het gebeuren wel degelijk van stap tot stap volgden en controleerden. Eerder had ik mij, met als tussenpersoon mijn zoogzuster en vroegere kamenier Victoire, een paspoort weten te verschaffen, uiteraard op een andere naam dan de mijne. In ruil voor die dienst vernietigde ik in haar bijzijn enig voor haar belastend materiaal dat in mijn bezit was. Ik moest dit risico nemen omdat zij het als voorwaarde stelde. De banden, niet des bloeds maar van het gemeenschappelijk genoten zog, bleken toch weer zo sterk (mensen van haar slag hechten aan zoiets), dat zij mij op een nacht via de mij en haar alleen bekende geheime gang van mijn slaapkamer naar buiten hielp ontsnappen. Met een huurrijtuig haalden wij de koffers op. In de gebruikelijke drukte en verwarring rond de in de vroege ochtend naar alle richtingen vertrekkende postkoetsen, kon ik zonder veel aandacht te trekken, maar wel dankzij royale fooien, gedaan krijgen dat mijn bagage met voorrang in- en opgeladen werd. Enkele passagiers zagen zich daardoor genoodzaakt hun reis uit te stellen, omdat hun koffers niet meekonden. De deining die hierdoor ontstond, is ongetwijfeld een van de redenen geweest dat men – ondanks het feit dat ik onderweg tweemaal ben overgestapt – mijn reisdoel ontdekt heeft. Toen was het echter te laat om mij voor de grens te achterhalen.

Kan iemand in ernst veronderstellen dat een vrouw zoals ik de rest van haar leven (de helft van mijn leven, wellicht) zal doorbrengen met lezen? Of dat ik behoor tot de lieden die dag in dag uit zitten te mijmeren over wat *geweest* is of over wat had kunnen zijn? Ik verbeet mij van woede, ik stierf van verveling, in dat huis bij de Haagse duinen. Ik ben niet als Jeanne Antoinette Poisson, kersverse markiezin de Pompadour, die over de schatkist van Frankrijk kon beschikken om lustverblijven naar haar eigen smaak te laten bouwen en zich uit te leven in perfectionisme waar het inrichting en versiering betreft. Ik had, toen ik Huis Valmont betrok, onvergelijkelijk veel minder geld tot mijn beschikking. Een dak boven mijn hoofd, een koets en paarden, personeel, daar kon ik voor enige tijd zeker van zijn, maar voor hoe lang? Wie denkt dat ik mijn kostbare tijd ging verbeuzelen, is een zot! Ik moest mijn toekomst veilig stellen. Zeker, ik schreef een paar verhandelingen over personages van roman en tragedie, gehoor gevend aan een inblazing van ik weet niet wie of wat. Misschien heeft een droom mij op dat spoor gezet. Maar geen moment konden lectuur en schrijven mij het gemis aan bewegingsvrijheid vergoeden. O neen! ik ben beslist uit ander hout gesneden dan madame de Charrière, geboren Van Zuylen! Mijn ene oog ging achteruit; ik kreeg ook genoeg van mijn Hollandse kamenier, die maar niet kon leren hoe zij mij moest kappen, hoe warm ik mijn badwater en hoe sterk ik mijn ochtendchocolade wens, en die nooit, maar dan ook nooit, in staat zou zijn mij voor te lezen. Mijn boekhandelaar vertelde mij van een jonge Française die in moeilijkheden was geraakt; als gezelschapsdame of gouvernante aangesteld bij een rijke Haagse familie, stond zij algauw bloot aan de amoureuze attenties van de heer des huizes; toen zij zich beklaagde, werd zij – zoals dat gaat – de deur uitgezet. Mijn boekhandelaar kent de weduwe die zich tijdelijk over het meisje had ontfermd. Wie schetst mijn verbazing, toen bleek dat zij uit Bourgogne afkomstig was en nota bene vermaagschapt aan een achterneef van wijlen mijn echtgenoot, een de Merteuil, die een huwelijk ver beneden zijn stand had gesloten. Het leek mij niet veel minder dan een voorbeschikking, dat ik mij voortaan zou laten bedienen door iemand die – zij het ook in de verte – te maken had met de erfgenamen van mijn overleden man. Ik liet het meisje bij mij komen en bood haar de betrekking van kamenier aan. Onder tranen kuste zij mijn hand en noemde mij haar weldoenster. Vanzelfsprekend had zij geen flauw idee van mijn ware identiteit. Omdat zij handig was en zich beschaafd gedroeg, verkoos ik haar aanwezigheid boven die van al het andere personeel; ik liet haar ook werk doen dat strikt genomen niet tot haar taak behoorde. Zoetjes aan kwam ik veel te weten over de erfgenamen van de markies de Merteuil, mensen die bezig zijn te verburgerlijken in de provincie, en het geld dat zij *mij* niet gunden, beleggen in wijngaarden en mosterdfabricage! Françoise – zo heette mijn nieuwe kamenier – was afkomstig uit de kleine stad Trévoux. Daar zij mij voor een bourgeoise hield, durfde zij mij toe te vertrouwen dat haar ouders, en vooral haar broer, en eigenlijk ook zijzelf, in hun hart aanhangers waren van de revolutionaire stroming die de monarchie afschaffen, de adel vernietigen en alle macht aan de burgerij geven wil. Ik betuigde, zij het discreet, mijn sympathie met dit streven. Ik gaf te verstaan dat ik in de eerste plaats om politieke redenen Frankrijk had moeten verlaten, maar tevens oefende ik zoveel kritiek uit op de door Pruisen gesteunde Hollandse orangisten, dat ik niet van anti-Franse gezindheid kon worden ver-

dacht. Ik liet doorschemeren dat ik de Merteuils gekend, en zelf een appeltje met hen te schillen had, en
ik wist dankzij enkele saillante, waarheidsgetrouwe
details geloofwaardig te maken dat bij een mogelijke
toekomstige omwenteling en afrekening de Merteuils
op het schavot voorrang dienden te hebben boven andere aristocraten uit de streek. De tijd heeft geleerd
dat mijn insinuaties in goede aarde zijn gevallen. Ik
liet niet af de latente opstandigheid in Françoise te
prikkelen, in de eerste plaats door de staat van halve
slavernij waarin ik haar dwong haar dagen te slijten,
maar die zij mij niet kwalijk nam (ik overdreef mijn
'gebrekkigheid'), en verder door de opmerkingen en
beschouwingen die ik ten beste gaf wanneer zij mij
voorlas, die alle te maken hadden met de afhankelijke
conditie van de vrouw in onze door rouerie en corruptie beheerste tijd. Het kostte mij weinig moeite mijn
trouwe boekhandelaar te bewegen Françoise zo nu en
dan eens mee te nemen naar de bijeenkomsten van pa-
triottisch-gezinden her en der in de streek, waarover
hij mij zo vaak verteld had, opdat zij daar te midden
van francofiele Hollandse idealisten een sfeer van
geestverwantschap zou vinden. Het meisje was over-
gelukkig met die uren van vrijheid en innerlijke ver-
rijking! Ik maakte haar steeds duidelijk dat ik haar eigenlijk niet missen kon, maar dat ik mij in het belang
van de zaak van tijd tot tijd wel wat wilde behelpen. Bij
een van deze gelegenheden ontmoette zij, zoals ik verwacht had, algauw mesdames Elisabeth Wolff née

Bekker en Agatha Deken, die immers op de bres stonden voor de patriottische gedachte. Françoise was van meet af aan verrukt van de twee schrijfsters, een sympathie die wederkerig bleek. Zo kwamen zij binnen mijn bereik, en daar deed ik mijn voordeel mee. Wat ik uit eigen beweging nooit zou hebben ondernomen, ontwikkelde zich nu als vanzelf. Ik gaf Françoise enkele malen verlof de dames te bezoeken op hun buitengoed Lommerlust, een halve dag reizen van Valmont. Met haar als tussenpersoon ontstond er tussen mij en de twee Hollandse beroemdheden een oppervlakkig maar hoffelijk contact, deels in briefjes, deels in mondelinge boodschappen vervat. Zij nodigden mij uit op hun buiten en stelden voor – toen zij begrepen dat ik onmogelijk kon reizen – mij te komen bezoeken, maar ik slaagde erin een rechtstreekse omgang te vermijden. Begaan met mijn ongeluk zonden zij mij herhaaldelijk bloemen en fruit uit hun tuin, geschenken die ik reciproceerde met bijvoorbeeld enkele druppels van een zeldzaam reukwerk dat ik bezit, of een paar meter satijnen lint uit Lyon, of een of ander met gravures verlucht boekwerkje over de zeden en gewoonten in verschillende streken van Frankrijk waarover zij niet genoeg konden horen. Na enige tijd bespeurde ik in Françoise onmiskenbare tekenen van rusteloosheid. Ik deed alsof ik niets merkte en stelde tegelijkertijd steeds hogere eisen aan haar. Ik wendde ongesteldheid voor, zodat zij moest afzien van een logeerpartij op Lommerlust, die ik haar in beginsel had toegestaan en waarop zij zich zeer had verheugd. Zij werd bleek en stil. Wat ik beoogd had, gebeurde; de dames gingen tot actie over, in de eerste plaats natuurlijk de emotionele weduwe Wolff. Zij kondigden mij het bezoek aan van hun goede vriend en zaakwaarnemer, die andere geregelde bezoeker van de patriottische vriendenkring, de heer Nissen. Ik las hun brief in aanwezigheid van Françoise en sprak mijn onwil uit om een vreemde toe te laten. Het meisje wierp zich snikkend aan mijn voeten en smeekte mij de afgezant van de schrijfsters aan te horen. Tenslotte gaf ik toe. Korte tijd later verscheen de heer Nissen op Huis Valmont, zoals ik had bedongen, in het schemeruur. Door Françoise op mijn voordeligst gearrangeerd, in mijn rol van patiënte *en négligé* tussen de kussens van mijn sofa, met mijn zijden masker voor, ontving ik hem in de slechts door haardvuur verlichte salon. 'Spreek, mijnheer,' zei ik zacht, half van achter mijn waaier, 'zoals u weet laat mijn gezondheidstoestand veel te wensen over, ik kan u maar weinig tijd geven.' Nissen, bij uitstek het type van de Hollander die bang is voor al wat zijn kleine wereld te buiten gaat maar daar heimelijk toch door wordt gefascineerd, reageerde voorspelbaar op mijn gedrag en omgeving. In een donkere lakense jas, met lubben aan de mouwen, gepruikt, beurtelings een fraai horloge en snuifdoos hanterend, zat hij op eerbiedige afstand tegenover mij, een achtenswaardig man, ongetwijfeld een sieraad van de burgerij in dit land en in eigen kring met duizend egards omringd; hier op Valmont echter duidelijk geïntimideerd. De routine van zijn beroep kwam hem te hulp – hij is advocaat – zodat hij in plechtig, vermakelijk Frans zijn boodschap kon overbrengen. De dames Wolff en Deken wilden aan een lang gekoesterde wens gehoor geven, Holland verlaten en zich in Frankrijk vestigen. Er was een dusdanige vertrouwensrelatie ontstaan tussen hen en Françoise – en door tussenkomst van haar ook met haar broer in Trévoux – dat zij zich voorgenomen hadden daar, in Bourgogne, te gaan wonen. Françoise, verteerd door mal de pays (dat wist ik), wenste niets liever dan haar vriendinnen te mogen vergezellen. De reden van Nissens bezoek was dat het meisje, in tweestrijd vanwege dankbaarheid, plichtsgevoel en medelijden, mij niet zelf durfde vragen haar te laten vertrekken. Ik was er zeker van dat ik haar bekwame, discrete hulp zou missen; maar het grootste nut had zij voor mij gehad juist door deze innerlijke ontwikkeling; dat zij terug wilde naar Frankrijk, vol nieuwe denkbeelden, brandend van verlangen haar broer en andere gelijkgezinden bij te staan in hun groeiende verzet tegen het regime en de lokale vertegenwoordigers daarvan (zoals de Merteuils!). Terwijl ik op de sofa zat, tegenover de heer Nissen, en (als het ware in bezorgd gepeins verzonken) met mijn waaier speelde en mijn zakdoek tegen mijn lippen drukte (de waardige bezoeker kon zijn ogen niet afhouden van mijn decolleté en van mijn enkels, die ik liet zien telkens wanneer ik met geruis van tafzijden stroken van houding veranderde), vergeleek ik onwillekeurig dit schemeruur met bepaalde ontmoetingen in het verleden. Wat het decor betreft zou er sprake kunnen zijn van overeenkomst; het grote verschil was echter dat het toen altijd ging om een amoureuze overwinning op korte termijn, met een tegenpartij die als minnaar au sérieux genomen diende te worden, terwijl nu iets geheel anders op het spel stond: de mogelijkheid ook in de toekomst te kunnen leven op een wijze die in overeenstemming is met mijn staat en behoeften. Ik schiep met opzet een sfeer die de brave Nissen in verwarring moest brengen. Ik zei hem dat Françoise vrij was te gaan waarheen zij wilde, en dat ik haar alle geluk ter wereld toewenste, maar – helaas! – niet bij machte was haar voor bewezen diensten naar behoren te belonen en haar voor haar reis geldelijk te steunen, zoals ik graag zou doen, aangezien ik (alweer: helaas) zelf als gevolg van plotselinge, toevallige gebeurtenissen en omstandigheden (te ingewikkeld om in het bestek van dit korte onderhoud uit de doeken te doen) aan de rand van een financieel debacle stond.

'O neen, mijnheer!' riep ik uit, en ik hief mijn nog altijd welgevormde armen ten hemel, zodat de kanten stroken aan mijn mouwen terugvielen. 'O neen, ik zou Françoise niet kunnen weerhouden, al wilde ik het! Ik heb niet het recht langer gebruik te maken van haar diensten. God weet het, mijnheer, over enige tijd verkeer ik misschien in dezelfde toestand als zij, toen ik haar in dienst nam, en zal ik zonder inkomsten op straat staan! Wie zal mij helpen? Hoe moet een zieke, mismaakte vreemdelinge als ik, door opvoeding en constitutie niet geschikt voor een dienstbetrekking, in haar onderhoud voorzien? Maar genoeg daarover! Wat durf ik u lastig te vallen met mijn zorgen!'

Ik verbood hem met ook maar één enkel woord tegenover de trouwe kamenier te reppen van mijn toestand, een edelmoedigheid die diepe indruk op hem maakte. Ik riep Françoise en gaf haar verlof haar bezittingen in te pakken en met de heer Nissen in zijn koets mee te gaan naar Lommerlust. Mesdames Wolff en Deken bleken immers vrijwel reisvaardig te zijn. Nissen zou, zo had hij mij verteld, hun buitenhuis overnemen, als zaakgelastigde alle affaires van de schrijfsters regelen, en te zijner tijd haar geldbezit op zo voordelig mogelijke wijze beleggen. Uit alles bleek dat hij van dergelijke dingen zeer veel verstand had; ik had hem door mijn boekhandelaar horen prijzen als een vermogend man, die zijn fortuin nu eens niet te danken had aan de vlijt of het geluk van zijn voorouders, maar aan eigen inzicht en beleid. Het kwam mij dus goed van pas dat ik in hem een even goedgelovige als hardnekkige bewonderaar gewonnen had. Regelmatig nadien (ik bedoel: nadat de letterkundige dames en Françoise zich in Trévoux hadden gevestigd) verscheen Nissen op Valmont. Intussen verkocht ik telkens, discreet, enige meubelstukken, of ontsloeg een bediende. Nog dwong geen nood mij daartoe; maar behalve dat ik op die manier mijn voorraad baar-geldachter-de-hand vergrootte, kon ik er een bepaald effect mee bereiken. Elke keer wanneer Nissen zich liet aandienen, waren mijn kamers kaler, leek mijn tuin meer verwilderd. 'Mijn God, mevrouw!' zei hij tenslotte, 'wat kan ik voor u doen? Dit is geen leven voor iemand zoals u bent.' 'Luister, waarde Nissen,' sprak ik (hij zag de tranen in mijn ogen), 'ik zal u een geheim toevertrouwen.' In de loop van onze ontmoetingen was voor mij zekerheid geworden wat ik reeds lang had vermoed: dat Nissen in wezen geen patriot was, maar veeleer bezeten van een naïef ontzag voor grandeur en allure van een soort dat in zijn vaderland niet inheems is. Ik vervolgde: 'Ik ben niet de door tegenslag uitgeweken grande bourgeoise die mijn kamenier in mij zag, en waar iedereen hier mij voor houdt. Neen, mijnheer, ik behoor tot de oude Franse adel, maar dan wel tot de kring die zedelijke en staatkundige corruptie verwerpt, en terugkeer voorstaat tot de stijl van de vorige, onze Grote eeuw. O, kon ik u alles vertellen!'

Nissen, duidelijk tot in het diepst van zijn ziel getroffen toen ik toespelingen maakte op *protestantse*, want hugenotentradities, van rechtschapenheid en aandacht voor de publieke zaak in mijn voorgeslacht, viel op één knie voor mij neer. 'Mevrouw! Ik zweer u dat wat u mij nu hebt toevertrouwd nooit over mijn lippen zal komen! O, als u mij de gunst zou willen bewijzen mij uw vriend te noemen! Hoe moet ik dit onder woorden brengen... Wat ik ben, wat ik bezit stel ik te uwer beschikking! Het is van u! Beveel, ik gehoorzaam!'

'Arme Nissen!' zei ik, en ik vatte zijn handen om hem op te heffen. 'Arme vriend! Waarom wilt u een verlorene bijstaan? Als ik dit masker afneem, zult u zien hoe monsterlijk, hoe verschrikkelijk ik ben...'

Hij bedekte mijn handen en de zoom van mijn japon met kussen. 'Monsterlijk? Verschrikkelijk? Nooit heb ik zoveel gratie aanschouwd. Uw gestalte, uw manier van spreken... uw stem, mevrouw! Uw gebaar, uw houding... de adeldom van uw wezen!' Enzovoorts, enzovoorts. De brave Hollander raakte werkelijk in vervoering, beloofde, zwoer eden, bleek bereid familie, vrienden, fortuin, naam, alles in de waagschaal te stellen om mij, vertegenwoordigster van een stroming die Frankrijk in de oude luister wil herstellen, te helpen mijn schulden te betalen en een passende staat te voeren. Ik verzette mij uiteraard tegen zijn voorstellen, lang en heftig genoeg om hem tenslotte het genoegen te doen smaken mij te hebben overtuigd. Niet lang daarna stelde Nissen mij een niet onaanzienlijk bedrag ter hand. Dank wilde hij niet aanvaarden, over eventuele regeling van terugbetaling (door mij tactvol te berde gebracht) voorlopig niet praten. Wel bleek uit zijn woorden en optreden, dat de goede man zich voorstelde mij voortaan in mijn financiële aangelegenheden te adviseren, met name bij de besteding van de som gelds die hij in discrete verpakking voor mij had meegebracht. Nu, ik verzocht hem (in verband met kwellende aanvallen van migraine) het eerste onderhoud betreffende *zaken* nog enige tijd uit te stellen. Een en ander maakte het mij mogelijk – uiteraard zonder mijn weldoener in mijn plannen te kennen – even snel en geruisloos uit Holland te vertrekken als ik er gekomen ben. Wat er van Nissen geworden is, weet ik niet.

Wie durft beweren dat het *niet* zo gegaan is? Moet mijn naam, mijn beeld, tot in lengte van dagen gekoppeld blijven aan dat winderige land? Aan mijzelf overgelaten, heb ik mijzelf geholpen. Als het waar is dat veel en goed lezen voor een vrouw een tweede opvoeding betekent, de aanvulling en afronding van een te oppervlakkige eerste vorming, laat ik dan tenminste uit mijn lectuur op Huis Valmont de kunst geleerd hebben letterlijk door fictie te ontsnappen.

11 *Aan de markiezin de Merteuil*

Mijn compliment, mevrouw, voor uw pogen open plekken in de werkelijkheid te gebruiken als een vehikel voor vlucht. Inderdaad staat het vast dat in 1788 de schrijfsters Wolff en Deken 'een Fransche juffrouw aangenoomen hebben, die ergens voor juffrouw van gezelschap of huishoudster is geweest, en [...] met een eigen reiskoets naar Vrankrijk vertrokken en te Trévoux bij den broeder dier dame gelogeerd zyn', zoals een kennis van hen wist te berichten. Waar is ook dat de heer Nissen allengs niet meer antwoordde op de hartelijke brieven vol vertrouwen in zijn zakelijk beheer, die hem uit Bourgogne bereikten. ('Vergeet gy ons dan geheel en al? Schryft ge nooit meer?') Evenzeer is het een onomstotelijk feit dat Betje en Aagje 'door het schurkachtig bankroet van Nissen totaal geruïneerd' (ik citeer uit een brief van Betje Wolff) naar Holland moesten terugkeren, 'van den ruimsten overvloed gestooten naar de behoefte'. Er zijn mij geen nadere gegevens bekend over de 'Fransche Juffrouw' of over de achtergronden van Nissens faillissement. Om

179

te ontkomen aan de dwang die uw schepper Laclos op u heeft uitgeoefend door u naar Holland te sturen, hebt u zichzelf in die historische leemten binnengesmokkeld. O ja, mevrouw, ik zie u heel goed, alweer bij nacht en ontij, ditmaal net als de twee schrijfsters in een privé-reiskoets (u kon dat nu betalen), uit Den Haag vertrekken met achterlating – evenals destijds in Parijs – van grote schulden, zij het niet aan uw boekhandelaar. Diamanten en zilverwerk bezat u niet meer, die lagen in de kluizen van een bankier. U vertrok met uw klerenkoffers en, dankzij Nissen, een zak vol dukaten of gouden ponden. Maar toen? Waarheen liet u de koetsier de paarden mennen? Naar Frankrijk? Is het aannemelijk dat u in het tijdperk van de Terreur naar Parijs zou terugkeren, waar u de kans liep misschien niet (vanwege uw misvormde gezicht) dadelijk herkend, maar wel op den duur geïdentificeerd te worden als een gehate, verdorven 'aristo' van de ergste soort? Het wil er bij mij niet in dat u een dergelijk risico genomen zou hebben. Ik kan me ook niet voorstellen dat u, in de kleding van een citoyenne, tussen het volk zou staan om te kijken hoe diegenen van uw vroegere minnaars en vriendinnen die nog niet terechtgesteld waren, leden van de 'preutse' en de 'frivole' kringen, nu door het lot verenigd, de trappen naar het schavot bestegen en het hoofd onder de valbijl legden. Dergelijk vulgair leedvermaak is u ten enen male vreemd. Bloederigheid, hoongelach van de tricoteuses en revolutionaire kreten konden alleen uw weerzin opwekken. Het ontbrak u bepaald ook aan de ondergangsheroïek, het geëxalteerde gevoel van solidariteit met uw klasse, dat zo velen van uw soort ertoe gebracht heeft zichzelf aan te geven bij de autoriteiten, zich in de gewelven van de Conciergerie te laten opsluiten, en vol dédain voor het tierende gepeupel op een kar vol stro de laatste rit naar de guillotine te maken. U was altijd te nuchter, te wars van pathetiek, te zeer ingesteld op zelfbehoud voor zulk gedrag. Men zou zich natuurlijk kunnen voorstellen dat u zich verborgen wist te houden tot er rustiger tijden aanbraken. In dat 'kleine huis' dat u destijds in Parijs bezat, en dat – waarom niet? – nog steeds, goed afgesloten, op u wachtte? Of op het land, bij de ontroerend loyale familie van uw zoogzuster? Laten we aannemen dat u er op de een of andere manier in geslaagd bent onder te duiken, tot de eeuwwisseling bijvoorbeeld; wat zou een vrouw als u dan verder moeten beginnen? Met de restanten van Nissens geld – als daar tenminste iets van over was – een 'bonneterie' opzetten, of een cursus in maintien voor de kinderen van inmiddels tot machtsposities opgeklommen mannen-uit-het-volk? 'Buiten' een stuk grond kopen, een boomgaard of een akker, om bescheiden van de opbrengst te kunnen leven? Dergelijke oplossingen, die voor een gewone oudere vrouw in met de uwe vergelijkbare omstandigheden misschien denkbaar geweest zouden zijn, lijken mij in uw geval allemaal even onwaarschijnlijk. U mag dan in een perverse opwelling het meisje Cécile de Volanges aan Val-

mont toegespeeld hebben, het bedrijf van koppelaar-
ster – van oudsher een vaak lucratieve broodwinning
voor aan lager wal geraakte kokettes – had u zonder
aarzeling met dégoût van de hand gewezen. Het ontbreekt u ten enenmale aan de boosaardige wellustig-
heid van een figuur als La Celestina uit het vijftiende-
eeuwse Spaanse drama van Fernando de Rojas, dat u
misschien ook gelezen hebt. Zou u na dat 'Holland',
waartoe Laclos u veroordeelde, nog een toekomst,
een levenslot in een ander land hebben, dan kan ik me
voor u alleen maar extreme, bizarre oplossingen voorstellen. Ik geloof dat u eerder naar Engeland gegaan
zou zijn, waarheen immers na 1790 zoveel Franse
aristocraten zijn uitgeweken. U zou geen genoegen
genomen hebben met een plaats-op-de-achtergrond
in een milieu van uw stand, de enige plaats die er voor
u, de berooide met het gehavende uiterlijk, zou zijn
weggelegd. Dat u uw streven naar macht over anderen opgegeven zou hebben, geloof ik niet, mevrouw.
En daarom zie ik u nog eerder als een 'Moll France'
tronen aan het hoofd van een bedelaars- en zakken-
rollersbende in Soho, als een vrouwelijke evenknie
van de in de *Driestuiversopera* bezongen Macheath of
Peachum (uw pokdalige gezicht, uw ene oog, betekenden daar geen handicap, integendeel!), dan als 'that
poor unsightly viscountess from Paris' opgeborgen bij
een liefdadige familie op een afgelegen landgoed. Ik
kan me ook voorstellen dat u zich ontpopt zou hebben als een vroege feministe, in het kielzog van Mary

Wollstonecraft (die in 1793 enige tijd in Parijs was, en die u daar – waarom niet? – eens had ontmoet), of dat u zich voorstandster had getoond van opvoedkundige denkbeelden zoals uw schepper Laclos er in die tijd lanceerde in drie essays die nogal wat stof deden opwaaien, want zij waren ongehoord 'modern', zelfs vergeleken bij de theorieën van Rousseau: voor de vrouw worden zodanige ontwikkelingsmogelijkheden opgeëist, dat zij op den duur zittende topfuncties zal kunnen bekleden in onder andere de agrarische economie en bij het wetenschappelijk onderzoek. U had best een van die doodgezwegen excentrieken kunnen zijn, mevrouw, slechts met gezag in een beperkte kring van geestverwanten; wie weet aangesloten bij een van de geheime genootschappen, die in die dagen weliger tierden dan ooit tevoren, want immers gericht op het behoud en de verdere ontwikkeling van de in de Revolutie niet verwezenlijkte menselijke emancipatie. Ik beticht u niet van idealisme, laat staan van een roeping op dit gebied! U zou, glashard en logisch, een strategie voor actie ontworpen hebben, en het experimenteren had u evenveel cerebraal vermaak verschaft als vroeger in Parijs uw berekeningen betreffende amoureuze verhoudingen. De idealisten en theoretici zouden geprofiteerd hebben van uw mensenkennis en uw wereldse ervaring. Tenslotte acht ik u in staat in navolging van tal van Fransen en Engelsen uit uw tijd naar Amerika te gaan, de Nieuwe Wereld, niet om u daar in een puriteinse kolonie te vestigen, maar om als een vrouwelijke Lederkous ('Old Ugly' of 'Mrs. Mert'), berucht om haar afstotelijk uiterlijk, maar beroemd om haar moed en haar vaardigheid met schietwapens, te midden van de settlers door vijandig Indiaans gebied westwaarts op te rukken.

Maar ach, mevrouw, romanpersonages ontsnappen nooit ofte nimmer door bressen in de werkelijkheid *uit* de fictieve wereld. Zij hebben geen ander bestaan dan wat hun door een auteur geschonken is. U bent in Holland, mevrouw, iedere keer wanneer een lezer de lectuur van *Les liaisons dangereuses* beëindigt.

Laclos' werk heeft (nog steeds nagalmende) echo's opgeroepen. Weinig romanfiguren hebben zozeer school gemaakt als Valmont. Er zijn kleine Valmonts en halve Valmonts en would-be Valmonts in overvloed in de letteren sinds 1782. Maar geen van de scheppingen van negentiende- en twintigste-eeuwse schrijvers kan *uw* opvolgster heten. De Belle Dame Sans Merci, die als een grillig spook door de Romantische literatuur waart, is een verschijningsvorm van het irrationele, onmenselijke, een symbool. 'Sans Merci' kan men u noemen, maar u blijft altijd een figuur op menselijke grootte. Vrouwen zoals (ik noem degenen die mij nu te binnen schieten) de zinnelijke hertogin De Maufrigneuse in Balzacs oeuvre, de fatale Maria Stuart in de visie van de dichter Swinburne, de demonische Hyacinthe de Chantelouve in de roman *Là bas* van Huysmans, de infernale Lulu in twee drama's van Wedekind, de kille Lucy Tantamount in *Point Coun-*

ter Point van Huxley, ontbreekt het aan uw essentiële kwaliteiten: nooit was u wulps, vulgair, slordig, inhalig, sentimenteel, met een passie voor geweld of voor de machten der duisternis. Er is bepaald geen gebrek aan berekenende vrouwelijke Einzelgänger in de literatuur van de afgelopen honderdvijftig jaar, maar men kan hen niet uw 'dochters' noemen. Becky Sharp in Thackeray's *Vanity Fair* is hard en eerzuchtig en intelligent, maar zij kent geen verfijning. Stendhals *Lamiel* bezit intellectuele nieuwsgierigheid en vrouwelijke charme, maar zij mist nu juist dat aangeboren zelfvertrouwen, het aristocratische gemak-van-bewegen, dat u kenmerkt. Hedda Gabler in het gelijknamige drama van Ibsen demonstreert een met de uwe vergelijkbare trots, en Strindbergs *Freule Julie* is diep doordrongen van elitebesef, maar die twee jonge vrouwen zijn toch wel geëxalteerd, en in bepaald opzicht zelfs enigszins gestoord. Thérèse Desqueyroux, romanfiguur van Mauriac, dient (walgend van kille sleur) met voorbedachten rade, beheerst, een gehate man vergif toe; een andere Thérèse, in een verhaal van Zola, wordt uit seksuele passie medeplichtig aan moord; beider wijze van reageren op als ondraaglijk ervaren omstandigheden zou u volstrekt beneden uw waardigheid achten. Celestine, de op zelfhandhaving bedachte, wereldwijze, ondanks haar staat van kamenier vrij geëmancipeerd optredende vrouwelijke hoofdpersoon in een roman van Mirbeau, neemt de lustmoordenaar van een klein meisje tot minnaar, terwijl zij zijn schuld kent: een vorm van perversiteit waarvoor u hoegenaamd niets zou voelen. Odette de Crécy, de betoverende veroveraarster en minnares-van-velen in Prousts oeuvre, stelt in wezen niets en niemand boven zichzelf, zoals u; maar u zou haar vlinderachtige passiviteit aanstellerig vinden. In elk van deze vrouwenfiguren – en in nog vele andere – is wel een scherfje 'Merteuil' te vinden, maar dan in samenstelling met, en dus getemperd of vervormd door, andere elementen; nooit wordt het overrompelende effect bereikt van dat in zichzelf besloten afstand bewarende, in wezen onbereikbare en vooral onvatbare amorele dat u onderscheidt. Eén auteur – een tijdgenoot van Laclos – is erin geslaagd de beginselen waar u en Valmont van uitgingen tot in het waanzinnige te verhevigen en te vertekenen. Tussen 1791 en 1797 schreef de markies de Sade zijn *Justine of de tegenspoed der deugdzaamheid* en *Juliette of de voorspoed van de ondeugd*. In Justine zou men een karikatuur van het madame de Tourvel-type, in Juliette een even belachelijk overdreven, verdere uitwerking van uw personage kunnen zien. De goedertieren, verdraagzame Justine, met haar geloof in normen en wetten en in de menselijke waardigheid, lokt door haar houding wreedheid en leedvermaak uit, haar 'boze zuster' Juliette, die zwelgt in wandaden en afgrijselijkheden zonder tal ('Ik ben pas dán echt vrouw, wanneer ik mij ten opzichte van normen en wetten als een monster gedraag'), schijnt er in haar denken en doen op gericht die menselijke waardigheid, dat persoon-zijn van ieder, juist te ontkennen of te vernietigen. De verschrikkelijke Juliette is de belichaming van een tot in het absurde doorgevoerde idee (alles mag, alles kan, er is geen God, de mens als zodanig is niets, een vod, kwaaddoen is het voorrecht van wie de meeste energie, de sterkste begeerte kan opbrengen); maar *u*, mevrouw, bent en blijft in de eerste plaats een bestaanbaar mens van uw tijd, in wie zich ontwikkelingen van rationalisme en materialisme openbaren die sindsdien in de westerse cultuur in toenemende mate de overhand hebben gekregen. Uwsgelijken moeten we misschien niet in de literatuur zoeken, maar in de werkelijkheid van het politieke, zaken- en bedrijfsleven van mijn tijd. U zou niets van uzelf in De Sades Juliette herkennen; u zou weerzin voelen tegen de gruwelen en excessen, voorzover u tenminste niet in lachen zou uitbarsten om het satirische element in die verbeelding, dat u, neem ik aan, onmiddellijk als zodanig zou doorzien. U hebt te veel smaak, u bent te kieskeurig, om zich met bloed en uitwerpselen te bezoedelen; lichamelijk lijden van anderen heeft u nooit kunnen amuseren. U zou echter evenmin ooit iemand het recht betwist hebben sadist (of masochist) te zijn. Uw 'slechtheid', mevrouw, schuilt in dat *laissez faire*, *laissez passer*.

12 *Aan de markiezin de Merteuil*

Het is leeg en stil in de bosjes van Pex. Waar ik eens uw huis meende te zien, zijn nu alleen verlaten paden tussen hagen van elzen en iepen. Er drijven flarden mist tussen de bomen. Op dit uur worden er blijkbaar geen honden uitgelaten, zijn alle kinderen op school, vinden de mensen van de wijk het te vochtig en te kil voor een wandeling.

Ik denk dat u hier niet meer bent. Uw beeld vervaagt. Natuurlijk valt er niets toe te voegen aan wat Laclos over u onthulde door u zelf aan het woord te laten. Geen analyse kan scherper zijn, geen interpretatie reikt dieper, dan die klare taal die voor zichzelf spreekt. Laclos geeft te verstaan dat u op weg was naar Holland, maar – ik ben verplicht het te erkennen – dat betekent niet dat u daar ook werkelijk *aankwam*. Misschien bent u voorgoed verdwenen in het hiernamaals voor romanpersonages, een schemerig gebied waar lezers geen toegang hebben. De markiezin de Merteuil hield op te bestaan op de – mij onbekende – datum in 1781 of 1782 toen Laclos de laatste regels van zijn roman op schrift stelde. De vrouw met wie ik 'van gedachten gewisseld' heb, is uit mijzelf voortgekomen en door mij met een schijn van substantie uitgerust.

Terwijl ik langzaam voortloop onder de druipende takken, begrijp ik ook dat u, mijn 'bedenksel', voor mij de belichaming bent geweest van het complexe netwerk van verhoudingen dat mij zowel in de werkelijkheid als in fictie altijd in zijn ban heeft. In de manier waarop u uw medepersonages hanteerde, bent u te werk gegaan als een *auteur*. Ik zag u als de verpersoonlijking van een eigenschap die men – niet ten onrechte – in schrijvers vreest en verfoeit: de neiging andere mensen en hun gevoelens en gedachten te gebruiken als materiaal voor een eigen schepping. Opgesloten in de eigen binnenwereld, door het kijkglas van het waarnemingsvermogen de buitenwereld aftasten; iets 'kunst'matigs voortbrengen, een fictie, als een middel om het leven mee te maken: leek u, in de dagen van uw liaisons, niet sprekend op vele creatieven?

Wie het geheim van uw bestaan wil ontdekken – indien dat ooit mogelijk is! – moet misschien in het leven van Choderlos de Laclos de sleutel zoeken. Hij was mathematisch begaafd, maatschappelijk vooruitstrevend, een in wezen romantische moralist (maar zijn reacties op de Romantiek zijn typisch die van een bèta-brein), die zijn neiging tot libertinage en zijn eerzucht wat betreft carrière maken in wereldse zin, met een kritisch, helder inzicht in zijn eigen situatie in toom wist te houden. Hij verleidde een jong meisje, de mooie Solange Duperré, maar beschouwde dat geenszins als een bagatel, zoals Valmont; zij hoefde niet, zoals Cécile de Volanges, de pijn en vernedering van een heimelijke miskraam te doorstaan, maar schonk het leven aan een kind, dat hij erkende. Zij bleef Laclos' geliefde; hij liet haar niet in de steek, zoals Valmont madame de Tourvel verliet, maar trouwde later met haar. Zij waren samen gelukkig – in volmaakte tegenstelling tot de code van de 'rouerie'. Laclos heeft zelf meer dan eens verklaard echtelijke intimiteit en wederzijdse trouw als hoogste goed te waarderen. Niet lang voor zijn dood schreef hij uit Italië aan zijn vrouw: 'Je hebt gelijk wanneer je zegt dat ondanks zeventien jaar huwelijksleven onze liefde, of hoe je het gevoel dat ons verbindt ook zou willen noemen, nog altijd bestaat. Zelfs onze kinderen delen niet in die liefde, die alleen van ons beiden is, maar je kunt wel zeggen dat die voortdurend naar hen uitstroomt en hen omvat.' En, naar aanleiding van het boek dat hij toen wilde gaan schrijven maar dat hij nooit voltooid heeft: 'Het is mijn bedoeling de waarheid algemeen ingang te doen vinden, *dat er geen andere mogelijkheid bestaat om werkelijk gelukkig te zijn dan in het gezinsleven.* Het lijdt geen twijfel dat ik bij uitstek in de gelegenheid ben om dat te bewijzen; voor mijn voorbeelden kan ik putten uit een overvloed van eigen ervaringen; maar het arrangeren van een en ander vind ik moeilijk, en het is een haast onoplosbaar probleem hoe ik de aandacht van de lezer vast kan houden zonder romanelementen in te vlechten. Het zou zoiets moeten worden als de *Confessions* van Rousseau; en dat vooruitzicht ontmoedigt me.'

Er bestaat een pastelportret van Laclos door Maurice Quentin de la Tour. De schrijver die gedurende twee eeuwen berucht is geweest om cynisme zonder weerga, heeft daarop een zachtaardig, vermoeid gezicht, met enigszins weke trekken en een zwaarmoedige blik. Heeft hij in Valmont en Merteuil eigen scepsis en hang naar negatief-zijn uitgebeeld (en verhevigd), die in hem nooit de overhand kregen, maar die hij wel degelijk aanwezig wist? En op grond van welke motieven heb *ik* (in mijn alledaagse, 'gewone' leven naar men zegt ook de kwaadste niet) de slechte markiezin, projectie van Laclos' Rede als wiskundige werkelijkheidsbenadering, uitgekozen om *mijn* behoefte aan werkelijkheidsbenadering-in-een-mimicry-van-woorden te verbeelden? Wat kon ik niet voor mij houden, dat ik toch tot iedere prijs poogde te verbergen?

Klinkt 'Merteuil!' niet haast als een strijdkreet van de vrouw die de laatste fase van haar 'tijd', de dagen van haar afnemende maan, ingaat, met al wat dat inhoudt aan vlagen van onzekerheid, droefenis om verloren jeugd, angst voor eenzaam-worden, angst om te veranderen in 'een krom streepje, een vergrijsd zuchtje' (zoals Simon Vestdijk de maan vlak voor haar periode van duisternis noemt in zijn roman *De koperen tuin*, waarin de ontluistering van vrouw, liefde, leven centraal staat)?

Een zijpad leidt van hier naar de Daal-en-Bergse Laan. Door een opening tussen de bomen kan ik in de verte een gedeelte van de huizenrij onderscheiden. Waar zou nummer achttien geweest zijn, gedurende tien jaar de woning van Vestdijks ouders? Zelf verbleef hij af en toe bij hen op dat adres, onder andere in de herfst van 1927, nadat hij voor zijn artsexamen was geslaagd en voorgoed afstand had gedaan van een lang gekoesterde droom: doorgaan in de muziek. Ik stel mij voor dat hij toen vaak gewandeld heeft in de bosjes van Pex. Aan alle kanten geconfronteerd met de door geen kunst te evenaren koperen kleuren van het oktoberloof, en luisterend naar het spontane kwinkeleren van late vogels, heeft hij misschien beseft hoeveel pijn en moeite het hem zou kosten zich te uiten. Componeren, muziek maken, de voor hem hoogste vorm van creativiteit, was hem niet gegeven. Hij mocht zich dan ontwikkelen tot een alchemist op het gebied van taalverbeeldingen (altijd weer pogend uit dode woorden goud te maken), nooit zou hij – dacht hij – een *magiër* worden, zoals zijn latere vriend, de componist Willem Pijper, dat in zijn ogen was. Voor Pijper dichtte hij dan ook een operalibretto over de magiër onder de magiërs, Merlijn, de Grote Tovenaar van het Westen in de vroegchristelijke Britse en Bretonse gedachtewereld, die – naar in oude verhalen te lezen staat – met zijn geliefde, de fee Viviane, of Morgane, huisde in het Woud van Brocéliande.

Als kind bezat ik een boek (misschien kreeg ik het

wel in 1927, toen ik negen jaar werd) over Koning Arthur en de Ridders van de Tafelronde, met illustraties van Arthur Rackham. Ik herinner mij vooral één plaat, die sterk tot mijn verbeelding sprak: een barre rotskust, de ingang van een grot; Merlijn, die ineengedoken, onderworpen, het hol binnenkruipt, terwijl Viviane, een mooie vrouw in een blauwgroen gewaad, hem door blik en houding tot die afdaling in het ondergrondse schijnt te dwingen. In die geschiedenissen heette Viviane steeds de 'boze' fee, en haar alter ego, Morgane, een tovenares met voor Ridders verderfelijke bedoelingen. Naar het schijnt had zij oorspronkelijk die ongunstige reputatie niet; maar als bovennatuurlijk wezen uit de heidense tijd kon zij na de kerstening alleen in negatieve gedaante blijven voortbestaan in de verhalencyclus die rond het zoeken naar de Heilige Graal is geweven.

Er schuifelt een vogel tussen de vergane bladeren; hij piept een paar maal, vage fluittonen; een gevederd pijpertje, dat mij van opzij strak aanstaart met een rond, geel oog. Vogels zijn, op vissen na, de geheimzinnigste schepsels.

Ik sta stil, en zie voor mij op de grond in de vochtige aarde van het pad een reeks tekens gekrast – met een stok, een hak? – geen werkelijk schrift, geen letters, maar hiëroglyfen die ik zo gauw niet ontcijferen kan. Resten van kinderspel? Werktuiglijke krabbels van een in gedachten verzonken wandelaar? Een boodschap? Maar dan: van wie, voor wie?

13 *Merlijn, magiër, aan de verloren gewaande*

Na duizend jaar heb je dus weer een teken van leven gegeven, Morgane, die ik Viviane noemde in de dagen van onze liefde, maar je houdt je nog voor mij schuil in een nederig noordelijk woud, ver van Brocéliande, omdat je oud en lelijk bent geworden. Vergeet toch niet dat dit verval maar één aspect van je wezen is, een derde van de drieëenheid die jij te vertegenwoordigen hebt, zoals je lang, langgeleden is opgelegd door machten die sterker zijn dan jij of ik. Herinner je je hoe je vroeger, in de morgen van de wereld, toen je mijn gezellin was (leerlinge in *mijn* magie en mijn meesteres in de *jouwe*), het vermogen bezat afwisselend je verschillende gedaanten aan te nemen. Hoeveel dolende helden – graalzoekers of zij die dat wilden worden – heb je niet op de proef gesteld, tot inzicht en opperst kunnen geprikkeld, voor hoogmoed gestraft, voor oprechte deemoed beloond, tot man gemaakt of hun dood aangekondigd, in een van je drie gestalten: als meisje, als bloeiende vrouw of als grijze kwene? Eertijds wist iedereen dat je een Fee was, Morgane;

dichters hebben trouwens nooit opgehouden je te lo-
ven, te dienen, te vrezen. Had je geen geduld te wachten tot het tij zou keren? Waarom moest je Brocéliande verlaten voor een wereld vol verwarring, waarin
de oude wijsheid niet meer telt? Ben je vergeten dat
je kracht bestaat in de ondeelbaarheid van je wezen?
Op welke dwaalwegen ben je geraakt, jij, die het naar
volwassenheid groeiende meisje misleidde, de jonge
vrouw in de hoogtij van haar uitstraling-in-liefde vernietigde, niet *buiten* jou, Morgane, zoals je meende,
maar in jezelf, zodat alleen de tanende, slinkende, de
heks, overbleef?

Kom terug naar Brocéliande; je kent immers de
weg naar de grot, het meer. En weet je de spreuk niet
meer die de diepten voor je ontsluit waar de Bron van
de Jeugd opwelt, en je teruggeeft wat je verloren hebt,
leer dan eerst af wat je in de wereld opdeed: de kwaal
van de oppervlakte, de pokdaligheid van een harde
huid, het halfblind zijn uit eigenbelang.

14 *Aan de markiezin de Merteuil*

U bent dus nog in de buurt, mevrouw! Uw schim is een spotgeest geworden. Met mijn bewering dat u – in tegenstelling tot La Belle Dame Sans Merci – altijd de indruk maakt van een verschijning op menselijke grootte, heb ik u blijkbaar plotseling tot verzet geprikkeld en op nieuwe denkbeelden gebracht. Beledigde, erger, griefde ik u, door u de zelfstandigheid die ik u geschonken had weer te ontnemen en u terug te stoten in de staat van *verzonnen* schepsel? Wenste u zelfs niet ten behoeve van vergelijkingen die in uw voordeel uitvallen, op één lijn gesteld te worden met figuren van weliswaar geen doorsneevrouwen, maar toch van vrouwen aan wie niets menselijks vreemd is? Hoewel ik aanneem dat u voor Choderlos de Laclos veel meer betekende dan hij zelf wist, meer dan één bepaalde vrouw, meer dan een type vrouw, meer dan een klasse, vind ik toch dat u nu te ver gegaan bent! U wilt beschouwd worden als maar liefst een manifestatie van de Drievoudige Godin uit de Oude Wereld!

Het is duidelijk dat u zich niet alleen wilt onttrekken aan *mijn* interpretaties – dat kan ik begrijpen! – maar dat u zich nu ook tracht te emanciperen van uw schepper. U hebt de vaststelling dat u Laclos boven het hoofd gegroeid bent, letterlijk opgevat: u wás er al, lang voordat *hij* bestond; vrouwelijk oerbeeld in de cultuur van het antieke Gallië, Muze der westerse dichters! Om Cécile de Volanges en madame De Tourvel voorgoed onschadelijk te maken hebt u ook hen maar tot abstracties verheven (het Meisje, de jonge Vrouw) en die – waarschijnlijk naar aanleiding van mijn opmerking dat zij fasen van het vrouwzijn vertegenwoordigen die onder andere omstandigheden ook *u* had kunnen doorlopen – eenvoudig als twee van de drie kanten van uw zojuist herontdekte mystieke wezen geannexeerd. Alsof de markiezin de Merteuil als verschijningsvorm van de mythische 'heks' minder aansprakelijk zou zijn voor haar daden! En u hebt uw tegenzet als gebruikelijk op onverwachte wijze geplaatst, door in stede van uw zijden masker nu het mombakkes voor te doen van de gezaghebbende magiër Merlijn, die ik – onvoorzichtig! – te berde heb gebracht. Figuurlijk gesproken dan; want letterlijk hebt u zich de toon en de woorden aangemeten die van hem afkomstig zouden kunnen zijn.

U kent natuurlijk de werken van Chrétien de Troyes, die in de twaalfde eeuw enkele verhalen uit de Arthurcyclus navertelde; die zullen wel behoord hebben tot de boeken die u als meisje lezen mocht, of moest, en die u zo ergerlijk en vervelend vond vanwege de languitgesponnen avonturen en ceremoniële leef- en vechtregels der helden. En ik wed dat u ook nog een en ander te binnen schoot uit de *Historie van Merlijn* door Robert de Boron. Vergis ik mij niet, dan is uit de pen van *die* middeleeuwse dichter ongeveer de volgende beschrijving van Viviane/Morgane gevloeid: 'Levendig, geestig, met mooie handen, volmaakte schouders, een huid zachter dan zijde, een fiere houding, hoofse manieren, kortom, zij was wonderverleidelijk; en bovendien de meest temperamentvolle minnares in gans het rijk. Zij was belezen in vele geleerde zaken; later zou men haar "de Fee" noemen, om de macht die haar kennis haar verschafte. Zij drukte zich uit in welgekozen bewoordingen, en als zij in een kalme stemming was, kon men zich geen aangenamer en aantrekkelijker gezelschap wensen; maar wee degene die haar toorn had opgewekt.'

Dat is, met dreiging en al, toch in de eerste plaats het portret van een *werkelijke*, aardse, door en door 'vrouwelijke' vrouw. De Boron beschouwde 'Fee' kennelijk als een eretitel, zo iets als 'Dame' in het huidige Groot-Brittannië. (Zich officieel 'Fee' te mogen noemen, zou voor verdienstelijke vrouwen misschien een aardiger onderscheiding zijn dan het gebruikelijke – en eigenlijk dwaze – 'Ridder' in een of andere orde.) Omdat Laclos verzuimd heeft u een signalement te geven, of anders gezegd: omdat hij pas in bijzonderheden trad over uw uiterlijk toen dat voorgoed geschonden was, zou u ongetwijfeld wensen dat men, aan u denkend, een beeld voor ogen heeft als dat van de door de Boron bezongene. Ik geef toe dat het bij u past!

Misschien heb ik u onrecht aangedaan door u spotlust en ironie toe te dichten op een moment dat u nu eens werkelijk 'bevlogen' was. Wie weet heeft de meidoorn die in de bosjes van Pex op het punt van bloeien staat, daarbij een rol gespeeld. Leest men niet in de oude verhalen – u kent ze! – hoe Viviane/Morgane de verliefde Merlijn tot nader order opsloot in een meidoornstruik met behulp van een toverspreuk die zij hem had ontfutseld? Het werd hoog tijd, mevrouw, de oude wijsheid te bevrijden!

En daarom denk ik nu dat u – sprekend tot uzelf in Merlijns naam – oprecht bent geweest als nooit tevoren. In het diepste van uw hart wenst u een gaaf, volledig, vrouwelijk schepsel te zijn. Als dat zo is, weet u ook dat strijd noch list, 'rouerie' noch afstandelijkheid, de gezochte ontplooiing kunnen bewerkstelligen; in wezen zijn al die tactieken even uitzichtloos als de blinde aanpassing, onderworpenheid en frigiditeit die u allang had afgewezen. Met al haar intelligentie en talenten is de markiezin de Merteuil eenzijdig, en eenzijdigheid betekent de dood-in-het-leven, mevrouw! Een tijdlang bezat u ontegenzeglijk macht, maar die moest verloren gaan, juist omdat u maar één kant van de door u aangegane relaties kon zien. Ik ontken niet dat er waarheid schuilt in uw beweringen over het wederzijds onbegrip tussen de geslachten; maar ik weiger aan te nemen dat dit een onveranderlijk, 'eeuwig' gegeven zou zijn. Integendeel, ik geloof dat er een – vaak verloochende, vaak verdrongen, maar steeds groeiende – behoefte bestaat bij vrouwen én mannen aan warmte, betrouwbaarheid, aandacht, aan het bewust elkaar *zien*. Er zal sprake zijn van emancipatie, wanneer het niet meer kan gebeuren dat mensen (mannen noch vrouwen) object zijn van begeerte-zonder-genegenheid of van gevoel-zonder-inzicht, van welke benadering dan ook zonder respect voor de persoon. Ook mannen voelen zich eenzaam, in de steek gelaten, bedrogen (vaak door vrouwen, en lang niet alleen in seksueel opzicht); ook mannen worden ouder, in pijn en twijfel. Misschien schieten vrouwen te kort in loyaliteit en liefde in een maatschappij als de huidige, die een bepaalde vorm van 'rouerie' voor oud en jong als zelfbevestiging aanprijst; maar dat is iets anders dan zelfontplooiing.

Een groot vrouwelijk auteur uit uw land en mijn eeuw, Colette, die de aardse werkelijkheid kende en liefhad als geen ander, schreef eens over 'manmens, mijn vriend'. Mevrouw, dat is de verlossende formule.

Wat doe ik hier nog, in de bosjes van Pex, tussen de schrale stammetjes die geen betovering van node hebben om dit voorjaar, zoals alle jaren, uit te barsten in loof, een zomer lang hun groen te dragen, waarin vogels nestelen, en dat loof dan in de herfst weer los te laten, wanneer het (en niet de bomen zelf!) 'zijn tijd gehad heeft'.

Ik ga naar huis, hier dichtbij, naar wie ik liefheb,

naar de mensen, met wie ik verbonden wil zijn. Jawel, mevrouw, die 'liaisons', altijd veranderend van kleur en inhoud, zijn de zin van mijn bestaan.

Het moet uit zijn. U was gevaarlijk voor mij, want u verleidde mij tot de twee uitersten die mij bedreigen: cerebrale spelletjes en fantasmen. Mijn pen leek louter instrument te worden om u – hoogmoedige, listige uit zelfbehoud – goed te praten. Vaarwel, ongrijpbare verpersoonlijking van het begrip 'escape'! Ik breek met u. Ik ban u uit mijn gedachten.

Adieu, madame la marquise. U was, aan de Daal-en-Bergse Laan in Den Haag, een fata morgana.

Lezen achter de letters (essays, 2000)
Fenrir (roman, 2000)
Sleuteloog (roman, 2002)
Het dieptelood van de herinnering (autobiografische teksten, 2003)
Oeroeg – een begin (facsimile-editie ter gelegenheid van de Prijs der Nederlandse Letteren, 2004)

Over Hella S. Haasse

Een doolhof van relaties (red. Lisa Kuitert & Mirjam Rotenstreich, *Oerboek* 2002)
Retour Grenoble. Anthony Mertens in gesprek met Hella S. Haasse (2003)